INDUSTRIE PHARMACEUTIQUE :
QUEL AVENIR ?

Collection « Raisonance »

*

OUVRAGES PARUS

Hubert LANDIER, *Renaissance*, 2018.

Jacques-Eloi DUFFAU, *Réveillons-nous !*; 2016.

Ellen WASYLINA, *La défense européenne face aux menaces*, 2015.

Georges NURDIN, Soraya DJERMOUN, *Les multinationales émergentes*, 2015.

Georges NURDIN, Olin O. OEDEKOVEN, Deborah K. ROBBINS, *Le leadership en action*, 2015.

Denise COHEN, *Tu me fais marcher !*, 2015.

Ellen WASYLINA, *Ukraine : Prémices de guerre froide en Europe ?*, 2014.

Josse ROUSSEL, *Misère de la Finance*, 2014.

Valérie LEJEUNE (dir.), *Tendances économiques et sociales de la valeur en entreprise*, 2014.

Florin PAUN, *Tous entre-preneurs !*, 2014.

Lillia Arezki

Industrie pharmaceutique : quel avenir ?

L'exemple de l'Algérie

Préface de Thierry Garcin

© L'Harmattan, 2018
5-7, rue de l'École-Polytechnique, 75005 Paris
http://www.editions-harmattan.fr
ISBN : 978-2-343-15299-8
EAN : 9782343152998

❖ *Je dédie cet ouvrage :*

À mes chers parents Mohammed & Fatima AREZKI : tout le mérite vous revient pour cette éducation que vous avez su me transmettre. À présent, je comprends que vos caractères faits de bonté, de rigueur, de droiture et de valeur m'étaient et me sont indispensables pour surmonter les entraves de la vie.

❖ *Je tiens à remercier :*

- *Le Dr Georges NURDIN, qui a cru en moi, m'a conseillé, m'a octroyé la chance d'éditer cet ouvrage & l'honneur de rédiger la Postface.*

- *Le Dr Thierry GARCIN, quel immense privilège d'avoir une Préface composée par un professionnel de votre envergure.*

Liste des abréviations

AMM : Autorisations de Mise sur le Marché
ADPIC : Aspects Des Droits De Propriété Intellectuelle Qui Touchent Au Commerce
BPF : Les Bonnes Pratiques de Fabrication
BIRD : Banque Internationale pour la Reconstruction et le Développement
CA : Chiffre d'Affaire
CNAS : Caisse Nationale Des Assurances Sociales
CNOP : Conseil de l'ordre national des pharmaciens
CTR : Comité technique de remboursement
DCI : Dénomination Commune Internationale
EDPme : Euro Développement PME
FMI : Fonds monétaire international
HTA : Hypertension Artérielle
IBS : Impôt sur le bénéfice
IDH : Indice de développement humain
INAPI : Institut national algérien de propriété industrielle
INPI : Institut national de la propriété industrielle
IRG : Impôt sur le revenu global des Actionnaires
LFC : Loi De Finances Complémentaire
LNCPP : Laboratoire National de Contrôle des Produits Pharmaceutiques
NAP : Nomenclature des produits Pharmaceutiques
OMS : Organisation Mondiale de la Santé
OPEP : Organisation des Pays Exportateurs de Pétrole
PIB : Produit Intérieur Brut
PNB : produit national brut

PME : Petites et Moyennes Entreprises
R&D : Recherche & Développement
TAP : Taxe sur le chiffre d'affaire
TIC : Technologies de l'information et de la communication
TVA : Taxe sur la Valeur Ajoutée
UNCTAD : Conférence Des Nations Unies Sur Le Commerce Et Le Développement

Sommaire

LISTE DES ABRÉVIATIONS 7

SOMMAIRE 9

PRÉFACE 15

INTRODUCTION 19

I - L'INDUSTRIE PHARMACEUTIQUE : PRÉSENTATION GÉNÉRALE 21

II - LES PRINCIPAUX ACTEURS DU MARCHÉ PHARMACEUTIQUE 23

III - LES ÉTAPES D'INTRODUCTION DES MÉDICAMENTS SUR LE MARCHÉ 27

   3.1 - La sélection des médicaments et produits pharmaceutiques 27

   3.2 - La pharmacovigilance et la matériovigilance 36

   3.3 - Les normes dans l'industrie pharmaceutique 40

IV - LE MARCHÉ PHARMACEUTIQUE MONDIAL 49

   4.1 - Présentation générale 49

   4.2 - Les marchés pharmaceutiques européen et français 54

   4.3 - Le marché pharmaceutique des pays émergents 57

   4.4 - Analyse du marché pharmaceutique mondial 59

V - LE MARCHÉ PHARMACEUTIQUE ALGÉRIEN. 63

5.1 - Le contexte général en Algérie 63

5.2 - L'évolution du système de santé algérien 67

5.3 - Le financement de la santé 69

5.4 - L'industrie pharmaceutique en Algérie : un marché en plein développement 71

5.5 - L'exportation et l'importation dans le domaine pharmaceutique 84

5.5.1 - L'importation en Algérie 84

5.5.2 - L'exportation algérienne 87

5.6 - L'environnement d'implantation en Algérie 89

VI - ANALYSE DU MARCHÉ PHARMACEUTIQUE ALGÉRIEN 93

6.1 - Présentation générale 93

6.2 - Le diagnostic externe : 94

6.3 - Le diagnostic interne : 101

6.4 - Entrevue auprès des responsables et experts du secteur pharmaceutique 105

VII - STRATÉGIE D'IMPLANTATION DES FIRMES PHARMACEUTIQUES ÉTRANGÈRES EN ALGÉRIE 117

7.1 - Processus marketing pour l'implantation sur le marché pharmaceutique algérien 117

7.2 – Schéma stratégique pour une implantation de firme pharmaceutique en Algérie 132

7.3- Recommandations, limites & difficultés 135

CONCLUSION 137

DÉBUT DU BOUM PHARMACEUTIQUE EN ALGÉRIE 141

POSTFACE 149

BIBLIOGRAPHIE 152

TABLE DES MATIÈRES 164

Remarque

Tout au long de cet ouvrage, vous allez retrouver des citations anonymes* (infirmant et/ou confirmant certaines de mes réflexions) des dirigeants de l'industrie pharmaceutique au niveau du Maghreb, de l'Afrique du Nord et de l'Algérie.

La principale difficulté rencontrée dans le cadre de cette recherche a été la réticence de la plupart des laboratoires à répondre aux questions/interviews. En effet, ils considéraient que celles-ci touchaient à l'aspect stratégique et confidentiel de leur firme. De ce fait, ils ont tenu à garder l'anonymat.

- À Tous les dirigeants des laboratoires pharmaceutiques interviewés, je vous remercie de votre professionnalisme et coopération

Préface

L'observateur des relations internationales, d'autant plus s'il cultive l'approche géopolitique, a toujours quelque scrupule à s'aventurer dans le domaine économique. D'abord, parce que le pouvoir politique et le pouvoir économique ne sont pas de même nature, qu'ils se complètent ou qu'ils s'affrontent. Les mécanismes du marché, les aléas du négoce, les stratégies des entreprises, la versatilité des échanges, les liens public-privé, autant de facteurs propres qui n'obéissent pas aux mêmes logiques que celles de la puissance publique. Laquelle dépend par construction de la souveraineté des États, qui tirent leur légitimité de la volonté populaire et sont d'abord légitimes, a fortiori lorsqu'ils utilisent la force militaire. Autre différence majeure : pouvoir économique et pouvoir politique ne sont pas inscrits dans la même durée, ce dernier prétendant (au moins sur le papier) à la défense première et permanente du bien commun. Dès lors, on comprend pourquoi les sanctions ne sont pas du même ordre : une faillite commerciale n'est pas une défaite électorale ou militaire et les conséquences n'en sont pas les mêmes pour la société. Bref, pouvoir économique et pouvoir politique, qui peuvent s'épauler, n'ont pas les mêmes finalités.

Pourtant, certains secteurs économiques ont partie liée avec l'État, en sont même souvent dépendants. Témoins, entre autres, le secteur énergétique, ceux des télécommunications et des transports, le domaine spatial également. Et cela, quel que soit le type de régime politique en place. Car, l'État n'est pas un simple aiguilleur qui regarde passer les trains : non seulement il administre, mais il intervient et décide. Toutes choses égales par ailleurs, le secteur pharmaceutique coopère souvent étroitement avec l'État. Pour une raison simple et suffisante : les pouvoirs publics sont responsables de la santé de leurs citoyens (prévention, thérapie, hospitalisation, réglementation, sécurité…), sans parler des épidémies et pandémies, qui ignorent les frontières et dont la prise en compte est d'ailleurs de plus en plus interétatique, donc internationale.

À ce propos, l'industrie du médicament a des particularités remarquables. S'appuyant sur la science et les techniques, essentielle à l'organisation et au développement des systèmes de santé, reflet de la solidarité nationale, d'utilité publique donc, elle est en même temps hautement rentable, même si elle est fortement compétitive. Elle s'inscrit aussi dans le temps long : durée des recherches et des mises au point, caractère précautionneux de toute innovation, lenteur des homologations administratives. De surcroît, un seul type de médicament peut accompagner plusieurs générations sans grande modification. Et les défis techniques que cette industrie doit relever sont considérables, tant les progrès de la médecine ont été exponentiels depuis deux siècles environ. De nos jours, la recherche sur le vivant et les grandes découvertes génétiques témoignent de la complexité de cette activité. Autant de raisons qui en font naturellement un grand dossier des relations internationales.

Le cas de l'Algérie, auquel s'attelle Lillia Arezki avec méthode, talent et précision, est important à plus d'un titre. D'abord, Lillia Arezki connaît la filière de l'intérieur et travaille comme consultante dans ce domaine. Ensuite, l'Algérie n'est pas un pays comme les autres : il est riche (hydrocarbures) et peuplé (une quarantaine de millions d'habitants : il a pour ainsi dire quadruplé depuis l'indépendance de 1962). Le rôle de l'État y est essentiel, lequel s'emploie à être protecteur dans l'accès aux soins. À ce titre, l'étude de son système de santé, généreux mais très encadré, apporte au lecteur : elle renseigne aussi sur l'évolution de la société.

Cela est d'autant plus important que si l'Algérie est jeune (3,1 enfants par femme en âge de procréer, 29 % de personnes en dessous de 15 ans), elle aura à accompagner l'évasement par le haut de la pyramide des âges : dans les décennies à venir, la santé des personnes âgées représentera certainement une lourde charge pour les pouvoirs publics. D'autant plus que si l'on a pu parler de l'Algérie comme d'un État rentier, on a souvent remarqué ici ou là que la manne pétrolière et gazière est soumise à de très forts aléas, le cours du baril étant largement dépendant des événements politiques, dont la plupart sont imprévisibles. Qu'on songe seulement aux deux chocs pétroliers (1973, 1979), à la guerre du Golfe (1991), à l'invasion américaine de l'Irak (2003), aux sanctions très anciennes contre l'Iran, à la décision saoudienne de 2014 d'abaisser le prix du pétrole sur la scène mondiale, etc. Et les expériences économiques du Mexique, du Venezuela ou du Nigeria conduisent à beaucoup de modestie dans les prévisions.

La recherche de Lillia Arezki est également enrichissante, non seulement parce que l'auteur démontre un sens réel de l'analyse et illustre son goût pour la démonstration pédagogique, mais aussi parce que son objet est spécifique. De fait, l'industrie pharmaceutique algérienne s'appuie sur la mise au point de médicaments génériques (d'une certaine façon, à l'indienne) mais importe majoritairement, développe l'interdépendance public-privé et fait face à la concurrence étrangère tout en voulant attirer les investissements étrangers. Les stratégies d'implantation des firmes étrangères sont traitées dans la seconde moitié du texte, la première proposant avec clarté un état des lieux de l'industrie pharmaceutique mondiale. Malheureusement répandu, dans les États industrialisés (France en particulier…) tout autant que dans les pays émergents (Brésil, Inde justement…), le mal bureaucratique est à l'œuvre en Algérie : le réduire sera une affaire aussi bien culturelle que politique.

Pour toutes ces raisons, l'ouvrage de Lillia Arezki était nécessaire parce qu'il comble une lacune, malgré la difficulté d'accès aux sources primaires, (l'industrie pharmaceutique est « taiseuse » et cultive volontiers le secret) et ouvre des horizons qui dépassent le seul cadre de l'Algérie. Que son auteure en soit remerciée.

Thierry Garcin,
Chercheur associé à l'université Paris-Descartes (école doctorale), maître de conférences à HEC,
Auteur de *La Fragmentation du monde : la puissance dans les relations internationales*, Economica, 2018.

Introduction

Depuis toujours, l'homme cherche à garantir sa santé et sa sécurité physique à travers des solutions de plus ou moins haut niveau. Avec la Révolution industrielle, la médecine s'est modernisée, elle est devenue une industrie qui propose des produits pharmaceutiques à des populations.

Au travers de cet ouvrage, on évoque le secteur de la santé plus exactement le domaine médical et pharmaceutique.

Pour implanter une entreprise dans le domaine pharmaceutique à l'étranger, il est nécessaire que les investisseurs respectent les normes de qualité, étudient les questions relatives aux brevets et se conforment aux législations en vigueur.

Le but recherché par cet ouvrage ; c'est d'effectuer un état des lieux, une feuille de route du pharmaceutique au niveau mondial, des pays émergents & de l'Algérie, de créer un guide pour les entreprises étrangères qui veulent s'implanter sur le marché algérien. Il s'agit de voir le degré de difficulté d'implantation, de démontrer que le marché est viable ainsi que de donner des idées d'expansion et d'exportation pour les entreprises locales.

Malgré de nombreuses formalités à respecter, le marché pharmaceutique en général et l'Algérien tout particulièrement présente plusieurs atouts ; car il est en pleine expansion et très prometteur. Les meilleurs procédés pour les investisseurs qui désirent s'implanter en Algérie se résument à la réalisation des étapes clés d'une stratégie marketing et managériale bien rodée.

Le secteur d'activité le plus prometteur est l'industrie du médicament générique grâce à son prix abordable et à la facilité d'accès aux soins en Algérie.

I - L'industrie pharmaceutique : présentation générale

L'industrie pharmaceutique a pour mission la découverte, le développement et la mise au point de médicaments toujours plus efficaces. Elle est en fait une intégration de tous les facteurs de production qui contribueront à la naissance des produits. Cette production doit être réalisée dans des conditions garantissant leur sécurité et leur qualité. Enfin, l'industrie pharmaceutique assure leur diffusion dans tous les endroits où ils peuvent contribuer à la santé des populations ainsi que leur surveillance après commercialisation.

L'Organisation Mondiale de la Santé confirme que ces produits maîtrisent les maladies courantes et atténuent les souffrances de la population. Le secteur de l'industrie pharmaceutique exerce donc une fonction très importante pour tous les citoyens de la planète dans la mesure où il se propose d'éradiquer ou du moins, de neutraliser les maladies existantes.

Chargées de découvrir et de produire industriellement les molécules médicamenteuses, les entreprises pharmaceutiques représentent aussi l'un des secteurs les plus rentables de l'économie mondiale, avec plus de 12 % de marge sur leur produit. L'augmentation de l'espérance de vie dans le monde et le vieillissement de la population occidentale constituent deux facteurs qui vont consolider la croissance de ce secteur.

La recherche pharmaceutique est autofinancée et l'industrie consacre 12 % de son budget à la Recherche et au Développement (R&D). Cet investissement est fondamental pour la survie des entreprises du secteur, sommées d'innover constamment. En effet, la rentabilité des produits s'érode sur des cycles assez courts sachant que les brevets des « médicaments vedettes » tombent rapidement dans le domaine public, ce qui produit un accroissement des concurrents sur le marché mondial.

L'industrie pharmaceutique est également confrontée à de multiples restrictions réglementaires et législatives ainsi qu'à une culture croissante de contentieux dans de nombreux pays. Sur le plan législatif, le développement d'internet fait également que les patients sont de plus en plus exigeants quant au bon respect de leurs droits dans le programme de leurs soins de santé.

Les industries pharmaceutiques recherchent donc des moyens pour augmenter leurs ventes en investissant notamment dans les pays en voie de développement tels que l'Algérie. Cet aspect sera développé au fur et à mesure de cet ouvrage.

II - Les principaux acteurs du marché pharmaceutique

La santé fait partie des droits fondamentaux des personnes. À ce titre, elles doivent pouvoir accéder aux soins de santé et aux principaux médicaments disponibles sur le marché.

Pour nombre de pays, le marché pharmaceutique est particulièrement composite : il rassemble à la fois des organismes, des entreprises et des associations. Les différents stades de l'approvisionnement en produits pharmaceutiques (mise au point, réglementation, production, distribution, prescription et délivrance des médicaments) sont assurés par le secteur public et par le secteur privé à but lucratif ou non-lucratif. Via les différentes fonctions qu'ils exercent, ces deux secteurs assurent ainsi le financement et la mise en place d'une offre de services liés à la santé.

Si l'accès aux soins de santé et aux médicaments s'est amélioré depuis environ 20 ans, des problèmes subsistent cependant. Ainsi, dans de nombreux pays, le financement des services de santé par le secteur public est trop faible et la gestion des médicaments est parfois fragile (pénuries de médicaments, retards dans les livraisons, manque de correspondance entre les besoins et les médicaments livrés). Par ailleurs, selon les régions et les pays, des soucis relatifs à la qualité et à l'usage des médicaments existent : maîtrise des coûts, accessibilité des médicaments par exemple.

Le tableau ci-après propose une synthèse des acteurs publics et privés présents sur le marché pharmaceutique[1] :

---

[1] Source : Rôles des secteurs public et privé dans le domaine pharmaceutique - Incidences sur l'équité en matière d'accès et sur l'usage rationnel des médicaments - Série « Économie de la santé et médicaments », n° 005 (1997 ; 126 pages).

Fonction	Secteur public	Secteur privé à but non lucratif	Secteur privé à but lucratif
Politique pharmaceutique nationale	Ministère de la Santé (coordonnateur) Autres ministères	Associations professionnelles Groupes de consommateurs Prestataires de soins de santé	Firmes pharmaceutiques Prestataires de soins de santé
Mise au point des médicaments	Instituts nationaux de recherche Aides gouvernementales à la recherche Universités d'État	Universités privées Fondations privées Instituts de recherche	Firmes pharmaceutiques tournées vers la recherche
Homologation des médicaments et réglementation pharmaceutique	Autorité nationale de contrôle des médicaments	Associations de consommateurs (par exemple pour la surveillance des pratiques promotionnelles)	Services contractuels donnés (par exemple pour le contrôle de la qualité)
Production / Importation	Monopoles d'État pour les importations Productions d'État Centrales d'approvisionnement	Production de médicaments essentiels dans un but non lucratif ONG / missions distribuant des médicaments essentiels	Filières locales de multinationales Usines locales
Distribution de gros	Centrales d'approvisionnement Grossistes d'État Distribution régionale	ONG / missions distribuant des médicaments essentiels	Grossistes privés de grande envergure Grossistes privés non officiels
Information pharmaceutique	Formulaires nationaux et directives thérapeutiques Centres d'information thérapeutique des hôpitaux et des universités	Centres d'information pharmaceutique Groupes de consommateurs	Médias Industries

Prescription / Conseil	Hôpitaux publics Centres de santé et dispensaires publics Pharmacies d'État Agents de santé communautaires financés par le secteur public	Hôpitaux des missions Cliniques des missions Agents de santé communautaires	Hôpitaux privés Cliniques privées Agents de santé communautaires financés par les contributions des utilisateurs « Piqueurs »
Délivrance / Vente au détail			Pharmacies Cliniciens délivrant des médicaments Autres points de vente
Consommation		Ménages / Consommateurs	

Selon les pays, les différents stades de ce système d'approvisionnement peuvent faire l'objet d'une réglementation par le gouvernement ; celle-ci peut toucher seulement l'un des stades ou l'ensemble.

Concernant la fonction de mise au point et de production des médicaments, les établissements qui les fabriquent exercent ou non une activité de recherche et de développement. Ils appartiennent à des firmes locales, à des multinationales, voire aux deux en même temps. Selon leur stature, ils n'abordent pas la question du contrôle des prix de la même façon : un fabricant d'envergure international orienté sur la recherche n'y sera pas favorable, car le lancement de nouveaux produits à un tarif élevé lui permet de réaliser un profit. Pour une entreprise locale, spécialisée dans la production de médicaments génériques, cet aspect est moins important : sur ce marché, la concurrence est déjà très forte.

Concernant la fonction de la réglementation, elle dépend généralement d'une autorité nationale de réglementation pharmaceutique. Son rôle est notamment l'évaluation et l'homologation des médicaments, le contrôle du respect des règles relatives à la production, à l'importation et au marketing. Régulièrement, certaines des missions de l'autorité nationale sont déléguées à d'autres organismes. Au-delà de cette instance nationale, il faut aussi tenir compte du rôle que peuvent jouer les organisations professionnelles, associations de consommateurs, de fabricants et de commerçants, mais aussi médias et compagnies d'assurances quant au respect de cette réglementation. Si la déréglementation peut être considérée comme une façon de favoriser le secteur pharmaceutique privé, elle peut aussi provoquer sa perte de crédibilité et générer une très forte concurrence entre fournisseurs non qualifiés.

Pour ce qui est de la distribution de gros, les grossistes peuvent relever du secteur public comme du secteur privé. À noter que les grossistes publics peuvent se trouver dans un contexte de monopole ou de quasi-monopole.

Sur le plan de la prescription, de multiples acteurs interviennent : il peut aussi bien s'agir de personnes particulièrement qualifiées et spécialisées dans leur discipline que d'individus nettement moins compétents.

Quant à elles, la délivrance et la vente au détail sont généralement réalisées par des officines avec des pharmaciens diplômés, des préparateurs en pharmacie ou des vendeurs sans formation particulière dans ce domaine. Dans certains pays, la tendance des « pharmacies tout-en-un » se développe : ce sont les médecins, les aides-soignantes et infirmières qui prescrivent et délivrent à la fois les médicaments. Dans d'autres pays, il arrive aussi que des fonctionnaires assurent, à leur profit, la revente de médicaments qui ont été financés par les fonds publics.

Appartenant au secteur privé à but non lucratif, les organisations non gouvernementales (ONG) interviennent de façon importante au niveau du financement et de la délivrance des prestations de santé dans certains pays tels que l'Inde, le Kenya, le Népal, le Nigeria ou l'Ouganda.

III - Les étapes d'introduction des médicaments sur le marché

3.1 - La sélection des médicaments et produits pharmaceutiques

3.1.1 - La procédure d'homologation

Avant d'être mis sur le marché, les médicaments et produits pharmaceutiques doivent être homologués et respecter certaines exigences portant sur l'innocuité, la qualité et l'efficacité. Ce contrôle a pour but de certifier la qualité des médicaments et de protéger ainsi les consommateurs. Les médicaments homologués sont inscrits sur une liste.

En la matière, chaque pays a sa propre politique pharmaceutique nationale. En général, pour un médicament ou un produit pharmaceutique, le fait d'être inscrit à la « nomenclature » a pour objectif principal d'assurer un approvisionnement adapté aux possibilités d'un pays par rapport à ses ressources humaines et financières. Il arrive parfois qu'un médicament ou produit pharmaceutique ne soit pas homologué mais qu'il soit cependant utilisé pour des problèmes médicaux rares.

La politique pharmaceutique nationale impose la nécessité de choisir les médicaments et produits pharmaceutiques pour répondre aux exigences sanitaires de la population. Ce choix se réalise au travers d'une procédure de sélection des produits à inclure dans la liste des médicaments dits « vitaux » et « essentiels ».

Le système d'homologation des médicaments est donc un élément fondamental de la législation et de la réglementation nationale et sa gestion représente une fonction importante de l'autorité de réglementation. Ce système est coûteux et nécessite une main-d'œuvre nombreuse. Il requiert divers niveaux de compétence et de moyens techniques. Pour l'homologation des médicaments, l'Organisation Mondiale de la Santé (OMS) préconise les procédures suivantes[2] :

Étape 1 : Procédure de notification

Cette procédure peut être employée dans les pays où le système d'homologation des médicaments vient d'être mis en place. Elle comporte le recueil d'informations sur les produits pharmaceutiques offerts à la vente ainsi qu'un registre des médicaments sans avis et vérification des critères d'innocuité, d'efficacité et de qualité (cette notification permet néanmoins des contrôles).

Étape 2 : Procédure sommaire d'autorisation de mise sur le marché

Les médicaments figurant au registre sont autorisés à rester en vente. Chaque nouveau médicament doit recevoir une autorisation de mise sur le marché. Pour cela, l'autorité de réglementation :

- peut procéder à l'évaluation de la qualité, de l'innocuité et de l'efficacité du produit (obligatoire pour les produits fabriqués dans le pays),
- peut s'appuyer sur des protocoles d'évaluation des autres autorités,
- peut se rapporter aux décisions prises par les autorités de réglementation des autres pays.

Pour les produits importés, l'autorité nationale peut utiliser le Système OMS de certification de la qualité des produits

---

[2] Source OMS, Comment élaborer et mettre en œuvre une politique pharmaceutique nationale, 2eme édition

pharmaceutiques entrant dans le commerce international. Celui-ci indique si le produit a été homologué.

Étape 3 : Homologation complète

L'homologation complète d'un produit pharmaceutique comporte une analyse détaillée des données, détermine les indications du produit et précise s'il peut être vendu sans ordonnance.

Étape 4 : Réévaluation d'anciens médicaments

Les anciens médicaments sont réévalués. Cette procédure peut entraîner le retrait ou le non-renouvellement de l'homologation en cas de réactions indésirables graves notamment. La majorité des pays n'accorde l'homologation que pour un temps déterminé (de cinq ans généralement).

La sélection des médicaments et des produits pharmaceutiques est donc réalisée par une commission créée spécialement à cet effet. Celle-ci est composée d'experts cliniciens, de pharmacologues et de pharmaciens.

3.1.2 - Les objectifs de la sélection[3]

La sélection consiste à choisir les médicaments à acquérir et à distribuer. Elle désigne l'établissement de listes pour ces deux étapes importantes que sont l'acquisition et la distribution. La sélection peut être effectuée par l'État ou par des organismes d'acquisition et de distribution *ad hoc*. Le type de sélection dépend des politiques d'acquisition et de distribution que l'on souhaite mener.

Le premier objectif de la sélection est lié à un contexte économique et budgétaire limité : il est nécessaire d'acquérir et

---

[3] Source OMS : Guide d'analyse économique du circuit du médicament (2001 ; 70 pages)

de distribuer des médicaments uniquement nécessaires et efficients.

Toujours selon l'OMS, dans la procédure de sélection, la priorité consiste à supprimer les médicaments qui ne présentent aucun intérêt thérapeutique.

Certains médicaments disponibles sont inefficaces ou inutiles, voire dangereux. Si un médicament est inutile d'un point de vue thérapeutique, son existence n'est pas fondée. Il doit donc être interdit. Cette interdiction peut poser un problème industriel ou politique qu'il faut prendre en considération au moment de la prise de décision.

Le deuxième objectif de la sélection est la réduction du nombre de médicaments. En effet, d'un point de vue économique et dans la perspective d'une diminution des coûts, il est préférable de limiter les médicaments à acquérir, à distribuer et à utiliser. Cette baisse des coûts passe aussi par une réduction de la dépense pharmaceutique. La sélection doit déboucher sur un nombre peu élevé de médicaments : les quantités acquises pourront ainsi augmenter. Chaque médicament produit en grande quantité peut voir son prix d'acquisition baisser. Étant donné que les achats des pays en voie de développement, importateurs de médicaments, ne représentent qu'une petite part de la production des firmes pharmaceutiques exportatrices, cet effet ne s'observe pas outre mesure sur le marché international. Par contre, cet effet-coût pourrait être important si les médicaments sont produits dans le pays : l'augmentation de la consommation permet alors à la production de devenir rentable[4].

---

[4] Source OMS : Guide d'analyse économique du circuit du médicament (2001 ; 70 pages)

Il existe aussi un effet sur les coûts de transaction. Sur le marché international, des prix d'importation bas proviennent de la concentration des achats sur un nombre restreint de produits. Les coûts de transaction surviennent à chaque vente ou achat et comprennent la recherche des fournisseurs, leur sélection, la négociation des contrats, la prise de commandes et la facturation. Une bonne sélection permet de consacrer plus de temps à chaque transaction et d'obtenir des prix d'acquisition modiques.

La sélection joue également sur les coûts de stockage : un petit nombre de médicaments facilite la gestion des stocks. L'effet de la sélection sur la quantification vient du fait que le calcul des quantités de médicaments nécessaires est simplifié et ajusté si l'on considère un nombre limité de médicaments.

La sélection permet une prévision plus fiable des quantités à distribuer et à acquérir (ce qui favorise des stockages et des risques de rupture moins importants) ainsi qu'une distribution plus continue. Enfin, l'effet économique de la sélection des médicaments joue sur l'information relative à l'usage des médicaments : lorsqu'un prescripteur peut choisir entre peu de médicaments, son choix ne sera pas dû au hasard, à l'habitude ou aux pressions des producteurs. La sélection permet l'amélioration des décisions thérapeutiques.

La sélection des médicaments a ainsi pour objectif d'augmenter l'efficience des médicaments disponibles. Elle doit être fondée sur l'efficacité, l'innocuité, la qualité et le coût des médicaments. Le point de vue économique, lui, ne considère que l'efficience (rapport coût/efficacité). Le critère de l'efficience permet de faire une sélection entre des médicaments efficaces, mais chers et des médicaments moins efficaces et moins chers. Les coûts comprennent le prix des médicaments et du traitement associé.

Pour comparer les prix de fournisseurs différents, il faut désigner les médicaments par leur dénomination commune internationale (DCI). Un médicament sous nom de marque commerciale est lié à un seul fournisseur et présente un prix élevé. On peut comparer les prix de médicaments de composition différente, mais d'effets proches. Le choix systématique de médicaments produits dans le pays peut créer un monopole engendrant des conséquences négatives.

Les économistes utilisent trois méthodes pour évaluer les effets d'un médicament : l'efficacité (via l'espérance de vie), les avantages (en unité monétaire) et l'utilité (en termes de bien-être et de qualité de vie).

La classification des médicaments fondamentaux est la classification VEN[5] (vital, essentiel, non-essentiel). Elle organise l'approvisionnement en médicaments selon le critère du risque vital. Les médicaments Vitaux peuvent sauver des vies. Les médicaments Essentiels sont efficaces contre des formes de maladies répandues. Les médicaments Non-essentiels sont utilisés pour des maladies bénignes. Il est également possible de classer les médicaments pour maîtriser des épidémies ou satisfaire les besoins d'une catégorie de la population. En réalité, les objectifs sont divers et lorsqu'il existe une contrainte budgétaire, le choix des objectifs dépend de la politique de santé du pays.

Le critère d'efficience permet de classer des médicaments visant des effets semblables selon le coût du traitement et l'indicateur d'efficacité. Cependant, les études publiées ne portent que sur un petit nombre de médicaments coûteux et concernant les pays développés. Leurs résultats ne sont pas systématiquement fiables, les méthodes utilisées n'étant pas

---

[5] Source OMS : Guide d'analyse économique du circuit du médicament (2001; 70 pages)

normalisées et vérifiables. Comme les résultats dépendent des hypothèses de base, ils peuvent être contradictoires. Ils fluctuent également selon le pays. Les coûts varient entre les pays développés et les pays en voie de développement. L'efficacité d'un médicament dépend de nombreux facteurs et les résultats de ces études sont donc sujets à caution.

La sélection des médicaments passe par la mise en place de mécanismes de consultation avec les parties concernées comme les associations professionnelles, l'industrie pharmaceutique, les consommateurs... Il est, en effet, souhaitable de consulter les professionnels et de trouver un consensus sur la sélection des médicaments, selon les effets recherchés notamment.

Pour résumer, il ne suffit pas de choisir les médicaments uniquement d'après leur coût ; il faut se poser la question suivante : à quel niveau de coût et d'efficacité séparer ceux qui sont retenus et ceux qui sont écartés ? Ce niveau est établi de façon relativement empirique en utilisant des critères multiples : les pathologies présentes dans le pays, la disponibilité en compétences et moyens techniques, le niveau des ressources financières disponibles pour l'acquisition, la production des médicaments dans le pays, etc. L'utilisation de ces critères dépend des objectifs des listes sélectives de médicaments et du contexte de leur utilisation.[6]

Les mécanismes de consultation seront formels ou informels. Les représentants des parties intéressées choisissent les médicaments en fonction des objectifs fixés et des orientations politiques en matière de santé publique. Par contre, les experts recevront ces instructions, mais resteront indépendants dans leurs choix.

---

[6] Source OMS : Guide d'analyse économique du circuit du médicament (2001; 70 pages)

La sélection terminée, les médicaments et produits pharmaceutiques seront classés par catégories et les médicaments « vitaux » et « essentiels » seront choisis par rapport à leurs conditions d'utilisation futures.

Le choix des médicaments et des produits pharmaceutiques est également encadré par l'Organisation Mondiale de la Santé (OMS) via divers procédés :

- La sélection des médicaments doit être le résultat des essais cliniques contrôlés et des études épidémiologiques menées en relation avec la direction de la prévention. Ce sont ces essais qui évalueront ensuite les avantages et l'innocuité des médicaments.

- Les substances pharmaceutiques sont choisies en fonction de leur dénomination commune internationale. Si ce n'est pas le cas, un index à entrées multiples des dénominations communes et des appellations commerciales sera fourni aux personnes autorisées à prescrire et à délivrer des médicaments.

- Des règles doivent être mises en place, surtout pour les médicaments génériques, pour garantir que les médicaments et les produits pharmaceutiques sélectionnés répondent aux normes de contrôle de la qualité concernant leur biodisponibilité. Pour rassurer les consommateurs, les fabricants doivent fournir des preuves de la conformité des médicaments aux normes exigées.

- Le coût sert à la sélection des médicaments par la comparaison du prix de plusieurs médicaments. Cette comparaison contribue à déterminer s'il faut prendre en compte le coût du schéma complet de traitement ou la forme galénique.

- Les autorités sanitaires compétentes doivent s'assurer que le personnel de santé est qualifié pour la prescription de médicaments de catégories thérapeutiques précises ainsi que pour l'établissement d'un diagnostic correct. Mais, quelquefois, il sera nécessaire de faire appel à des spécialistes pour confirmer le diagnostic et pour que soit prescrit le traitement adéquat. Parfois, une maladie exige un type de médicament spécifique : par exemple, une maladie hépatique peut changer l'absorption, la distribution, le métabolisme ou l'excrétion de certaines substances médicamenteuses.

- Il peut arriver que des médicaments présentent les mêmes indications ou que deux produits pharmaceutiques soient identiques au niveau thérapeutique. La solution est de choisir la substance et la forme galénique ayant le meilleur rapport avantage/risque. Par exemple, il peut s'agir de prendre des médicaments pourvus de propriétés pharmacocinétiques comme les médicaments qui réduisent les risques liés aux états physiopathologiques. Il peut aussi être judicieux de favoriser les médicaments et les formes pharmaceutiques qui peuvent être fabriqués sur place et qui possèdent des installations de stockage appropriées.

Dans le domaine de la politique pharmaceutique nationale, le choix des médicaments et des produits pharmaceutiques est une étape cruciale mais, en la matière, il est également nécessaire de prendre en compte l'utilisation des médicaments.

L'utilisation des médicaments participe à la prise de décision dans la politique pharmaceutique. Cette dernière se charge essentiellement de :

- La mise en place des schémas constituant l'utilisation des médicaments. Ces schémas indiquent comment les produits pharmaceutiques sont utilisés, sur combien de patients le médicament a été administré, etc.
- La détermination de l'évolution de l'utilisation des médicaments
- L'évaluation des effets produits par l'usage d'un médicament

- La détermination des emplois inappropriés des médicaments
- L'évaluation, grâce aux schémas de morbidité, des besoins en produits pharmaceutiques pour pouvoir déterminer leur sélection, leur distribution et leur achat.

3.2 - La pharmacovigilance et la matériovigilance

La « pharmacovigilance » et la « matériovigilance » sont des termes utilisés dans le processus d'éducation sanitaire de la population. L'éducation sanitaire informe les consommateurs sur l'usage approprié des médicaments et sur l'amélioration de leur santé.

Elle oriente les consommateurs vers une bonne pratique des prescriptions et une bonne utilisation des médicaments. Les principaux problèmes des consommateurs sont souvent la prescription excessive ou inadaptée des médicaments ou des produits pharmaceutiques, l'automédication, le traitement médicamenteux d'affections temporaires non justifiées par une pharmacothérapie, l'utilisation de médicaments nouveaux et coûteux sans efficacité par rapport aux produits pharmaceutiques efficaces et moins chers.

Plusieurs règles sont à adopter pour assurer l'usage approprié des médicaments et des produits pharmaceutiques :

- Les programmes éducatifs dont bénéficient les professions de la santé doivent insister sur la maîtrise des connaissances pharmacologiques et des bonnes pratiques de prescription.
- Les médecins, les pharmaciens et les autres personnes habilitées à délivrer des médicaments doivent suivre une formation appropriée.
- La réglementation pharmaceutique devrait vérifier rigoureusement la régularité, la validité des

renseignements figurant sur les notices d'emploi, les étiquettes et le matériel promotionnel.

- L'industrie pharmaceutique doit garantir que les matériels promotionnels fournis contiennent des indications exactes destinées aux prescripteurs et aux personnes habilitées à délivrer des médicaments au public.
- Les médias doivent bien informer le public en matière de médicaments.
- Des stratégies et des programmes éducatifs destinés au grand public doivent être mis en œuvre.

L'éducation sanitaire permet donc de sensibiliser la population sur l'utilisation appropriée des médicaments et des produits pharmaceutiques.

La « pharmacovigilance » et la « matériovigilance » traitent de la surveillance lors de la mise en consommation d'un médicament.

Cette surveillance se base sur un processus de recueil systématique et d'analyse de données concernant l'utilisation des produits pharmaceutiques. Cela signifie que des observations sont opérées sur les médicaments au niveau de la sécurité de leur emploi, de leur efficacité et de leur qualité notamment.

La pharmacovigilance pouvant être en décalage avec les objectifs initialement affichés, la méthode de vigilance doit toujours être vérifiée dans son application. Cela est d'autant plus nécessaire que les objectifs de la pharmacovigilance ont évolué dans le temps suivant les contextes dans lesquels les médicaments ont été mis sur le marché. Il s'agit donc d'une vigilance dynamique et non pas statique, nécessitant une adaptation des méthodes et des outils d'évaluation, afin d'arriver à une bonne estimation des risques encourus existants.

Le système de notification ne doit pas être trop complexe. Le cas échéant, il pourrait être peu incitatif pour les professionnels de santé. Des ressources importantes doivent être consacrées à la base de données nationale. Un dispositif systématisé/automatisé de détection de signaux (effets secondaires et/ou indésirables) doit également être mis en place.

Une bonne réactivité doit permettre la suspension rapide des médicaments dont le bénéfice/risque est mis en cause, les lanceurs d'alerte devant pouvoir s'exprimer en cas de doute sur le bénéfice thérapeutique d'un médicament : un terrain culturel et sociopolitique propice à la dénonciation de mésusages doit exister institutionnellement ou dans les institutions existantes.

Un Centre national de pharmacovigilance permet, avec la participation du corps médical et des professionnels de la santé, de faire circuler rapidement des informations sur les alertes lancées entre les organismes nationaux de réglementation.

Le système international de pharmacovigilance de l'OMS et les conférences internationales biennales des autorités de réglementation pharmaceutique ont participé à la mise en place de ce nouveau précepte. Cet échange d'informations est très important, car il sert à connaître les circonstances et les raisons exactes pour lesquelles un médicament a été retiré du marché dans un autre pays.

Le fonctionnement du Centre national de pharmacovigilance dépend de chaque pays et des schémas de morbidité. C'est pour cette raison qu'il est possible qu'un médicament ou un produit pharmaceutique soit retiré du marché d'un pays, mais pas d'un autre.

La sensibilisation du personnel de santé et du corps médical devrait toujours se faire pour qu'ils puissent signaler immédiatement, en tant que lanceurs d'alerte, les effets indésirables d'un médicament ou d'un produit pharmaceutique au niveau du Centre national de pharmacovigilance.

Les activités principales d'un Centre national de pharmacovigilance et de matériovigilance sont :

- Le recueil des informations qui proviennent des observatoires régionaux, des rapports des médecins praticiens, de la surveillance globale des hôpitaux, des données concernant des populations déterminées...
- La vérification et l'analyse des données qui se feront en fonction du système de stockage et de traitement de données.
- L'assistance donnée à des centres et des systèmes globaux de surveillance spécialisée. Ces centres fourniront des informations complémentaires et utiles pour des problèmes de sécurité, d'emploi et de promotion des médicaments.

Les objectifs du Centre national de pharmacovigilance et de matériovigilance sont alors le repérage des réactions indésirables des médicaments, la réduction du temps nécessaire pour reconnaître et déterminer l'usage approprié ou non approprié du produit concerné.

L'organisation de ce centre ne doit pas être trop cloisonnée, ce cloisonnement étant générateur de risque. Le département de pharmacovigilance devrait se situer dans la même direction que celui délivrant les autorisations de mise sur le marché (par extension, il faudrait établir une organisation dans une même institution où pharmacovigilance et évaluation du médicament cohabitent en son sein). En même temps, il est indispensable d'organiser un réseau décentralisé de pharmacovigilance.

Enfin, d'un point de vue plus général, il est essentiel de doter tout pays d'une politique du médicament accès sur la santé publique. Plus particulièrement, les médicaments doivent être bien évalués sur le plan médico-économique et présenter, de façon transparente, un prix juste et fixe. Ces médicaments doivent être en nombre suffisant, bien connus, bien prescrits et bien utilisés.

3.3 - Les normes dans l'industrie pharmaceutique

Les normes dans l'industrie pharmaceutique sont nombreuses : celles-ci concernent les législations en vigueur, le contrôle réglementaire pour les médicaments et les problèmes juridiques pouvant se produire.

3.3.1 - Les législations appropriées

Dans le domaine qui nous intéresse, la politique pharmaceutique est toujours présente ; les dispositions législatives et réglementaires sont des éléments importants de cette politique.

Les dispositions législatives et réglementaires doivent respecter les objectifs stratégiques, les infrastructures administratives, sociales et sanitaires ainsi que les moyens humains et les autres ressources nécessaires.

La réalisation d'une politique pharmaceutique requiert l'adoption d'une législation et d'une réglementation adaptées. L'adoption de ces normes donnera à la politique pharmaceutique un cadre juridique et facilitera son exécution.

Les précisions apportées par les lois sur les produits pharmaceutiques sont les suivantes :

- La détermination des personnes pouvant agir dans le domaine de l'industrie pharmaceutique.
- La définition des pouvoirs, des obligations et des responsabilités des personnes ou des entités qui ont le droit d'importer, de fabriquer et de prescrire des médicaments.

- Les droits et les devoirs des acteurs en matière de produits pharmaceutiques comme les médecins, les pharmaciens, les importateurs, les fabricants et les distributeurs.
- La détermination des qualifications exigées des personnes autorisées à intervenir dans l'industrie pharmaceutique.
- L'assurance de la qualité, de l'innocuité, de l'efficacité des produits pharmaceutiques. La loi régira aussi la disponibilité et la distribution de ces produits.
- La mise en place de sanctions en cas de violation d'une disposition de la loi.

La loi sur les produits pharmaceutiques doit contenir :

- Des dispositions générales, dont l'intitulé, l'objet, la portée et l'application de la loi.
- Des dispositions spécifiques concernant le contrôle de l'importation, de l'exportation des médicaments et la distribution, l'acquisition, le stockage et la vente des médicaments ou produits pharmaceutiques.
- D'autres dispositions qui concernent les autorités responsables de la réglementation des étiquetages, des informations et de la publicité.
- Une Administration responsable du contrôle des médicaments et qui se charge de l'organisation, de la fonction et des mécanismes d'appel contre les décisions.
- Des interdictions, des infractions, des sanctions et des procédures légales.
- Une attribution du pouvoir d'émettre des règlements.
- Des abrogations des lois existantes et des dispositions transitoires pour éviter les conflits de lois.
- Des sanctions en cas de dérogations aux dispositions d'une loi.

Ces éléments, qui figurent dans la loi, permettent le bon fonctionnement de la politique nationale pharmaceutique. Dès lors que la loi est adoptée, les règles applicables aux normes et les procédures d'exécution des dispositions doivent être établies par l'autorité compétente. La loi crée donc les mécanismes juridiques pour la réalisation des objectifs administratifs et techniques.

Les normes concernent généralement les questions relatives à la loi, mais dans l'industrie pharmaceutique, il y a aussi d'autres normes à respecter comme les contrôles réglementaires et les règles d'assurances de la qualité des produits pharmaceutiques.

3.3.2 - Les contrôles réglementaires

Les contrôles réglementaires portent sur la fabrication et la qualité des médicaments avant de les mettre sur le marché. Le contrôle réglementaire est assuré par l'Administration responsable du contrôle des médicaments, c'est-à-dire la Direction de la Pharmacie et du Médicament faisant partie du Ministère de la Santé.

Cette branche du ministère de la santé régit l'utilisation, la distribution et la production des médicaments. Au niveau du marché, la Direction de la Pharmacie et du Médicament contrôle l'évaluation, l'homologation, la révision, la qualité et le renouvellement de l'autorisation des médicaments ou des produits pharmaceutiques.

La Direction de la Pharmacie et du Médicament vérifie également les règles et pratiques à respecter pour la fabrication, l'importation, l'exportation, la distribution, l'étiquetage et la fixation du prix des médicaments ainsi que pour la diffusion de l'information, de la promotion et de la publicité.

Pour être efficace, la direction doit former son personnel et parfois même faire appel à des experts extérieurs ou créer des comités ou des commissions pour les interrogations relatives à la pharmacie et au médicament.

L'homologation et l'enregistrement des médicaments ou des produits pharmaceutiques permettent la mise sur le marché de ces produits. Cette étape fait également partie des contrôles qu'il faut réaliser.

L'homologation et l'enregistrement suivent des procédures différentes, mais ces procédures sont par contre complémentaires. Pour pouvoir accorder l'homologation à un médicament ou à un produit pharmaceutique, il faut disposer de plusieurs données relatives à des investigations pharmaceutiques, pharmacologiques, toxicologiques, thérapeutiques et cliniques et bénéficier d'un personnel apte à analyser ces données.

Des évaluations sommaires de certains médicaments ou de brefs exposés des motifs d'un refus d'homologation d'un autre pays peuvent aussi servir, à titre d'information, à la Direction de la Pharmacie et du Médicament pour qu'elle prenne sa décision.

La procédure d'homologation évalue rigoureusement les données pour certifier l'innocuité, l'efficacité et la qualité d'un produit pharmaceutique. Cette procédure permet également de déterminer les indications, les procédés et les installations de fabrication.

Pour l'enregistrement, un Comité National d'Homologation des médicaments peut suppléer la Commission Nationale de Nomenclature. L'étape de l'enregistrement sert de prévention, c'est-à-dire que cela évitera qu'un produit pharmaceutique soit commercialisé avant l'octroi d'une autorisation. La procédure d'enregistrement comporte une vérification concernant les installations du fabricant et la qualité du produit, surtout pour les produits génériques ou les produits destinés à l'exportation.

3.3.3 - Les normes de qualité à respecter

Pour qu'un médicament ou un produit pharmaceutique puisse être mis sur le marché, il doit respecter certaines normes de qualité, et ce, des matières premières utilisées jusqu'au produit fini. Ces formalités répondent aux exigences des normes établies.

Pour assurer la qualité des médicaments ou des produits pharmaceutiques, un système de surveillance des circuits des médicaments a été créé. Pour son exécution, ce système repose sur trois facteurs importants :

- La législation qui attribue l'autorité pour mettre en place les règlements sur l'assurance et l'évaluation de la qualité lors de la fabrication, de l'importation et de la distribution.
- Les bases réglementaires composées d'un organe administratif central qui se charge de l'inspection et du retrait de médicament.
- Les éléments techniques qui sont les normes de qualité pharmacopée nationale, les tests simplifiés, les règles de bonnes pratiques de fabrication et les certificats d'enregistrement ou d'homologation.

Un laboratoire national de contrôle de qualité a été créé par le Ministère de la Santé et de la Population et travaille étroitement avec l'Inspection de la Pharmacie. Ce laboratoire a pour rôle de faire les essais mentionnés dans le dossier d'autorisation de mise sur le marché, mais également de veiller au respect des exigences de fabrication et de contrôle tout au long de la vie du médicament.

Des règles sont aussi à respecter quant à la fabrication des médicaments afin d'assurer aux consommateurs des produits pharmaceutiques respectant les normes.

La fabrication des médicaments doit passer par des études de stabilité qui porteront sur l'ensemble des préparations pharmaceutiques et des produits biologiques. Le plus important est de s'assurer de la stabilité de toutes les substances et des produits biologiques, surtout dans les régions ayant des conditions climatiques critiques.

Par exemple, les études de vieillissement accéléré sont impérativement faites en laboratoire et leur validité doit être confirmée par des essais faits dans les zones du Sud ayant des ruptures de températures brusques.

Pour veiller à la qualité des médicaments ou des produits pharmaceutiques mis sur le marché, il faut un personnel de qualité. Des formations en matière de contrôle de qualité et de règles de bonnes pratiques pour la fabrication doivent être suivies. Mais il faut aussi une collaboration avec les services de l'inspection pharmaceutique et les services en charge du système de garantie de la qualité des médicaments.

Le personnel est composé des gestionnaires et des agents techniques tels que les médecins, les pharmaciens... Par exemple, le pharmacien fera une formation sur les nouvelles techniques modernes de gestion et sur les progrès de la pharmaco-thérapeutique. Pour les médecins et les autres personnels, cela dépendra de la politique pharmaceutique mise en place.

3.3.4 - Les éventuels problèmes juridiques

Les problèmes juridiques concernent souvent les questions liées à la propriété intellectuelle et aux politiques des appellations commerciales et des noms génériques.

Pour la réalisation d'une politique pharmaceutique, il faut prendre en compte la protection de la propriété intellectuelle, notamment les brevets. Les problèmes qui se posent sont généralement compliqués et freinent les activités, qu'elles soient commerciales ou industrielles. Une collaboration avec l'I.N.A.P.I (en Algérie), I.N.P.I (France) et équivalent à l'international est donc nécessaire, surtout en ce qui concerne le transfert de la propriété des autorisations de mise sur le marché.

Pour les différends liés aux appellations commerciales et aux noms génériques, l'OMS est responsable depuis les années 1950 de l'attribution de la Dénomination Commune Internationale (DCI) des substances pharmaceutiques. Cette dénomination facilite l'identification des médicaments.

Généralement, les sociétés de recherche et de développement commercialisent leurs produits sous des noms de marques : les appellations commerciales. Quand des nouveaux produits pharmaceutiques sont mis sur le marché, ils sont protégés par des brevets pendant quelques années.

Lorsque ces années sont expirées, les produits pharmaceutiques tombent dans le domaine public, c'est-à-dire que la fabrication et la vente d'un produit pharmaceutique peuvent s'ouvrir aux concurrents. Par exemple, la société mère continue de vendre son produit sous la désignation commerciale d'origine tandis que les concurrents commercialisent leurs produits sous un nom de marque appelé « générique de marque ».

Pour commercialiser leurs produits pharmaceutiques, les sociétés peuvent utiliser un nom de marque spécifique (désignation commerciale) ou un nom générique (DCI). Les noms de marque sont une forme de propriété commerciale, ils doivent donc être considérés selon la politique générale d'un pays sur la propriété commerciale. Ils doivent être étudiés pour être en règle avec la politique pharmaceutique nationale concernant l'autorisation de faire figurer la marque sur le conditionnement.

Les noms de marque doivent également favoriser les objectifs nationaux et sociaux en encourageant l'investissement et la recherche. Par contre, un nom générique n'appartient pas exclusivement à une personne physique ou à une personne morale.

Dans la pratique, les médecins sont autorisés à prescrire des médicaments sous leur nom de marque ou leur nom générique mais en mentionnant si deux ou plusieurs produits sont disponibles pour une même indication.

Dans de nombreux pays, les structures de santé encouragent la prescription et la délivrance de médicaments sous leur nom générique, car habituellement, ces produits sont moins chers que ceux vendus sous un nom de marque équivalent.

IV - Le marché pharmaceutique mondial

4.1 - Présentation générale

D'après l'IMS[7], le marché mondial du médicament est évalué à environ 941 milliards de dollars de chiffre d'affaires en 2015 (à titre de comparaison, il s'élevait à moins de 200 milliards de dollars en 1990), soit une croissance de 10 % par rapport à 2014, et de 3 % par rapport à 2015. Les États-Unis restent le marché mondial le plus important avec 47 % des parts. Ils se trouvent très en avant des principaux marchés européens (Allemagne, France, Italie, Royaume-Uni et Espagne) qui réalisent 15,4 % de parts de marché, des pays émergents (Chine et Brésil) qui en représentent 10,1 % et du Japon (8,4 %).

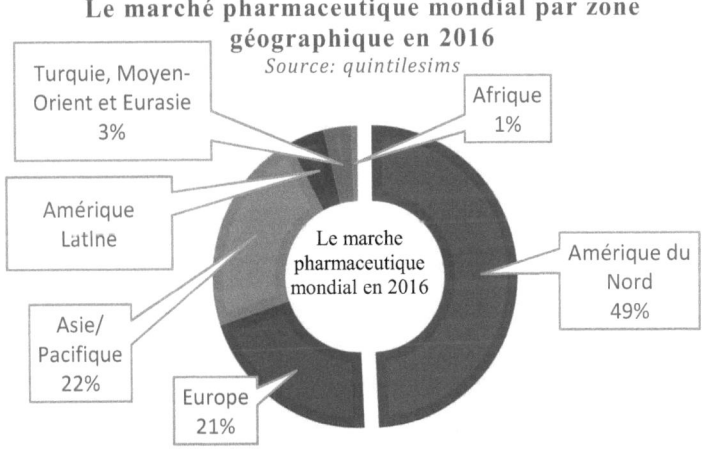

Le marché pharmaceutique mondial par zone géographique en 2016
Source: quintilesims

---

[7] Présent dans 135 pays, IMS Health est le leader mondial des études et du conseil pour les industries du médicament et les acteurs de la santé. Avec un chiffre d'affaires de 2,3 Md$ en 2008 et plus de 50 ans d'expérience, IMS propose une large gamme de solutions, de services, de conseil et d'outsourcing pour accompagner ses clients dans l'élaboration de leurs stratégies et dans leurs prises de décision.

	En % du Marché mondial en 2016	En % du marché mondial en 2006
USA	47,3	45,4
Japon	8,4	9,4
Chine	7,7	Nd
Allemagne	4,5	5,3
France	3,4	5,6
Italie	3,0	3,4
Brésil	2,4	Nd
Royaume-Uni	2,3	3,4
Espagne	2,2	2,7
Canada	2,0	2,6

Les principaux marchés pharmaceutiques dans le monde en 2006 et 2016
Source : QuintilesIMS

Si les pays d'Afrique se trouvent encore loin derrière les gros consommateurs de médicaments, il est indéniable qu'ils présentent un potentiel non-négligeable compte tenu de leur population importante et des besoins évidents en médicaments.

Le problème pour les pays d'Afrique peut se poser au niveau du pouvoir d'achat. Cependant, avec les aides et financements internationaux et au vu des différentes perspectives d'évolution économique de chaque pays, le marché du médicament pourrait à l'avenir prendre un essor considérable dans ce continent.

Le marché pharmaceutique dans le monde s'est beaucoup modifié, mais cette évolution est bien sûr dirigée par les pays émergents. Une étude (IMS Health) faite récemment indique que les pays émergents présenteront des taux d'évolution de 14 à 17 %.

Dans le secteur pharmaceutique, l'évolution du marché et des principaux marchés progressera et ne cessera pas de s'améliorer. Le plus grand marché pharmaceutique mondial, celui des États-Unis, voit ses ventes augmenter de jour en jour.

La Corée du Sud, le Mexique, le Brésil, la Chine, la Turquie et l'Inde devraient augmenter leurs ventes dans les années à venir. Cette hausse est estimée dans une fourchette allant de 13 à 16 %, mais globalement, le marché pharmaceutique mondial devrait obtenir un chiffre d'affaires atteignant entre 1 400 et 1 430 milliards de dollars en 2020 selon l'IMS Health.

Concernant la concurrence sur le marché pharmaceutique, elle réside surtout dans la présence de concurrents qui commercialisent des médicaments génériques. En effet, ceux-ci sont présentés comme des concurrents difficiles en raison du très bas prix de leurs produits. Le plus grand risque pour des produits pharmaceutiques « spécialisés » serait de perdre leur brevet et d'être comparés aux médicaments génériques qui obtiendront dans la majorité des cas gain de cause compte tenu de leurs prix moins onéreux.

Il faut aussi préciser que les produits pharmaceutiques commercialisés sous un nom de marque sont concurrents entre eux, car les innovations dans le domaine des recherches pour l'amélioration des médicaments progressent de jour en jour.

Selon une analyse réalisée par Santé-Algérie, les tendances du marché pharmaceutique changeront progressivement dans les années à venir, et ce, jusqu'en 2020. La première tendance de ce marché sera l'augmentation de son chiffre d'affaires qui est estimé à 1.300 Md$ en 2020. Cette hausse sera surtout liée à l'amélioration des stratégies marketing et des forces de vente des industries pharmaceutiques.

Ces stratégies viseront surtout une clientèle cible, mais avec un concept de commercialisation en masse des produits tout en visant une approche plus personnelle. Celle-ci démontrera que les nouveaux produits commercialisés sont davantage susceptibles de guérir et d'améliorer la santé des consommateurs que les anciens produits et qu'ils sont également plus abordables.

La deuxième et dernière tendance du marché réside dans les innovations et la création de médicaments spécialisés pour des maladies complexes et spécifiques.

La commercialisation des médicaments spécifiques traitant les maladies courantes sera confrontée à la pression venant de la commercialisation des médicaments génériques. En effet, le prix de ces derniers étant moins élevé, le marché pharmaceutique en vendra davantage, car ils sont plus rentables.

Les médicaments génériques sont donc plus appréciés dans le marché pharmaceutique du fait qu'ils sont moins chers et qu'ils peuvent faire l'objet d'une commercialisation en masse avec plus de bénéfices. Pour les médicaments spécifiques, ils sont plus acceptés sur le marché pharmaceutique seulement s'ils sont innovants et s'ils peuvent guérir des maladies complexes. Dans ce cas-là, leur efficacité compense et explique mieux leur prix élevé.

Les principaux industriels présents sur le marché pharmaceutique mondial en 2016 sont les suivants[8] :

Rang	Firme multinationale	Pays	Chiffre d'affaires PFHT* (Md$)	Part de marché mondial en %
1	Novartis	Suisse	52	5,5
2	Pfizer	USA	50	5,3
3	Sanofi	France	45	4,8
4	Johnson & Johnson	USA	41	4,4
5	Gilead sciences	USA	41	4,4

[8] Source : IMS Health.

6	Merck § Co	USA	40	4,2
7	Roche	Suisse	39	4,1
8	Glaxosmithkline	Royaume-Uni	36	3,8
9	Abbvie	USA	30	3,2
10	Astrazeneca	Royaume-Uni	30	3,2

4.2 - Les marchés pharmaceutiques européen et français

4.2.1 - Un marché pharmaceutique européen en mutation

L'industrie pharmaceutique européenne vit actuellement une période de changement important. En effet, les laboratoires ont développé de multiples produits pharmaceutiques dans les années 1980 et 1990. Or, les brevets de ces médicaments arrivent aujourd'hui à leur terme. La perte de ces brevets signifie que les fabricants de médicaments génériques vont pouvoir utiliser la molécule pour produire des médicaments identiques. Ces derniers seront proposés à un tarif moindre dans la mesure où les fabricants n'auront pas besoin de rentabiliser toute la phase de recherche et de développement, celle-ci ayant déjà été assurée par la société titulaire du brevet à l'origine.

De plus, les changements réglementaires et l'intensification des contrôles changent également la donne. Cela est particulièrement vrai au niveau de la politique de distribution des sociétés : elles ont notamment l'obligation d'évaluer les risques des processus logistiques et doivent assurer une température compatible avec la stabilité des produits pharmaceutiques qui sont transportés. Cette nouvelle réglementation rend donc plus compliquée la gestion du transport et a pour effet de générer une augmentation des coûts, non seulement à ce niveau, mais aussi sur les dépenses globales de production.

En raison de ces nouvelles contraintes de transport, les sociétés pharmaceutiques sont donc plus attentives sur cette partie de leurs coûts. Elles doivent cependant continuer à offrir des degrés de qualité et de fiabilité importants et demeurer en même temps abordables sur le plan des tarifs. De ce fait, c'est l'ensemble de la chaîne logistique de l'industrie pharmaceutique qui est impactée par ces changements.

Sur le plan de la production pharmaceutique, les principaux pays européens producteurs en 2014 sont les suivants :

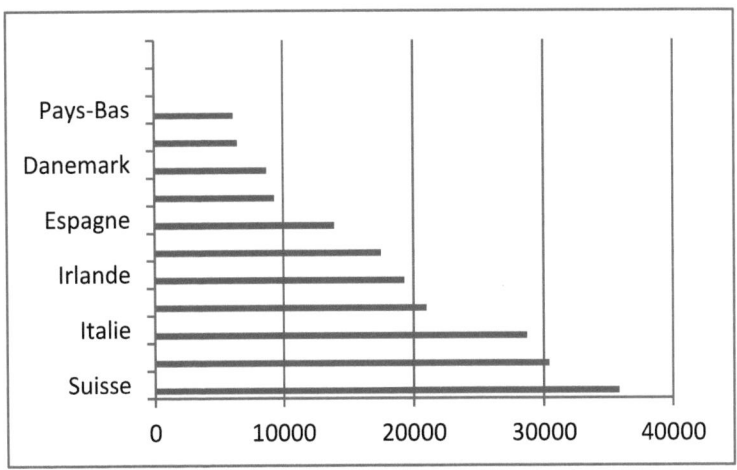

Production pharmaceutique en Europe : principaux pays producteurs en Europe en 2014 (en millions d'euros)[9]

4.2.2 - Le marché pharmaceutique français : en régression mais de multiples forces cependant

Si l'on se réfère aux prévisions du cabinet IMS Health, la France devrait reculer de la 5e place en 2015 à la 8e en 2020. Elle était le 4e marché mondial en 2008. Le Brésil, le Royaume-Uni et l'Italie devraient la devancer en 2020.

Le marché français du médicament se trouve donc dans une situation de régression qui doit cependant être relativisée au vu de l'atout suivant : certes, les prix des médicaments diminuent, mais la France fait partie des pays où les dépenses de santé sont les plus importantes.

Par ailleurs, l'industrie pharmaceutique française profite de plans d'aides publiques à l'investissement tels que le CIR (Crédit

---

[9] Source : EFPIA

Impôt Recherche) et le Pacte de responsabilité. D'après les estimations, celles-ci représentent 700 M€ annuels.

Si le marché pharmaceutique français est en recul, on ne peut donc pas parler pour autant de situation de crise. La France se situe cependant dans une période où est affichée une volonté de réduire les dépenses publiques, et notamment celles relatives à la santé. Ainsi, alors que l'ONDAM (objectif national de dépenses de l'Assurance-maladie) atteignait 2,6 % en 2014, il a diminué à 2,1 % en 2015 et 1,75 % en 2016. Pour cela, le développement des produits génériques est favorisé et les médicaments vendus depuis plusieurs années voient leur prix diminuer.

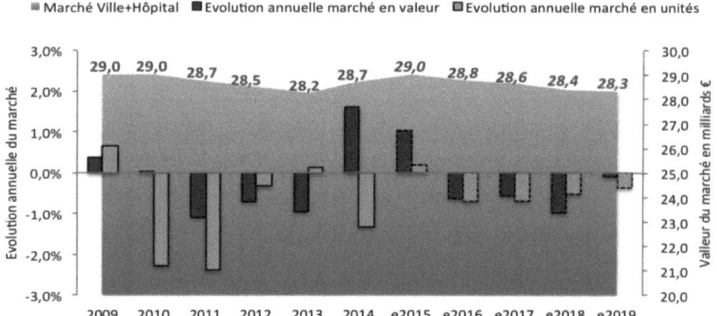

Source : Info Pharma de Syndex : l'actualité décryptée et les notes d'analyse - octobre 2015

Depuis 2009, la vente de médicaments en France diminue, à l'exception de 2014 où une légère croissance de + 1,6 % est observée. Celle-ci devrait perdurer en 2015 et se situer aux alentours de + 1 %.

4.3 - Le marché pharmaceutique des pays émergents

Si le marché pharmaceutique est en régression en France, il continue donc de progresser au niveau mondial. Selon le cabinet IMS Health, il devrait encore continuer à se développer d'ici 2018 avec une progression comprise entre 4 et 7 % par an. Celle-ci est notamment liée à la croissance des pays dits « émergents » il s'agit des BRICS (Brésil, Russie, Inde, Chine, Afrique du Sud) qui peuvent être qualifiés maintenant d'« Émergés », mais aussi de 13 autres pays tels que le Mexique, la Turquie, la Corée du Sud, la Pologne, la Roumanie ou encore l'Ukraine. Ainsi, dans les BRICS, la croissance moyenne annuelle du marché pharmaceutique est d'environ 16 % et avec la hausse de la démographie et les multiples besoins médicaux à satisfaire, le marché attire de plus en plus les convoitises.

Parmi les pays émergents, la Chine est devenue un acteur incontournable du marché pharmaceutique mondial : en moins de 5 ans, elle est passée du 8e au 5e rang avec un chiffre d'affaires avoisinant 3,9 milliards de dollars en 2009. En 2015, elle est même devenue le deuxième marché mondial pour les médicaments sur ordonnance après les États-Unis.

Le graphique ci-dessous montre que les pays émergents sont les principaux contributeurs à la croissance du marché pharmaceutique depuis 2007. De 28 % en 2007, leur part est passée à 46 % en 2011.

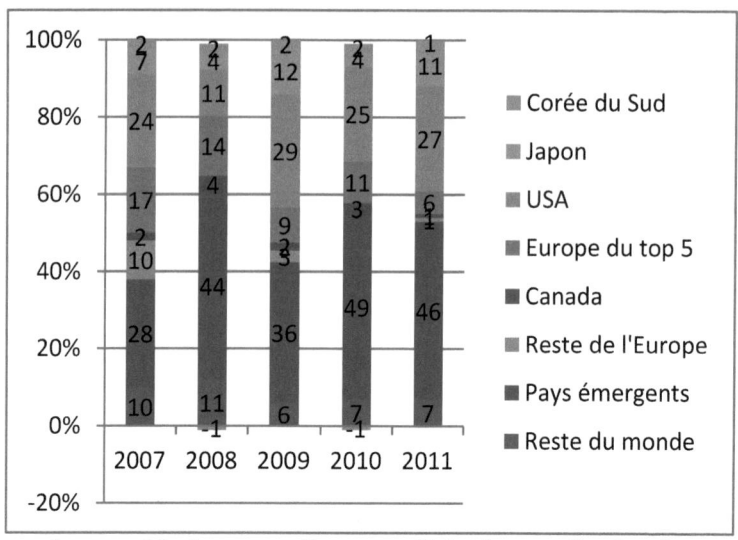

Le marché pharmaceutique mondial et la contribution des principaux pays à la croissance de ce marché entre 2007 et 2011 (en pourcentage) [10]

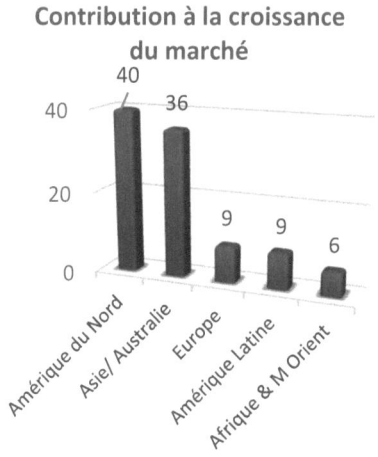

Cette statistique montre la contribution des différentes régions et pays à la croissance du marché mondial des produits pharmaceutiques au cours de la période allant de 2013 à 2018. Entre 2013 et 2018, 40 % de la croissance du marché mondial des produits pharmaceutiques devrait être imputable à l'Amérique du Nord.

---

[10] Source : IMS Health, Market Pronostics, septembre 2010.

Contribution régionale à la croissance du marché mondial des produits pharmaceutiques de 2013 à 2018 [11]

Comme évoqué précédemment, les géants de l'industrie pharmaceutique voient les brevets des médicaments qu'ils ont développés tomber au fur et à mesure dans le domaine public. Ils se trouvent alors en concurrence avec des médicaments génériques moins onéreux et perdent de leur force sur le marché international. Dans les pays émergents, ces grands laboratoires occidentaux perdent également du terrain face aux acteurs locaux : en effet, dans des pays tels que la Chine ou la Russie, les nouvelles politiques de santé imposent la production locale des médicaments, ce qui favorise l'apparition de grandes firmes pharmaceutiques nationales. De ce fait, les groupes américains et européens acquièrent de plus en plus de sociétés sur les marchés émergents, un moyen de compenser les pertes financières engendrées par l'expiration des brevets.

4.4 - Analyse du marché pharmaceutique mondial

4.4.1 - Analyse de l'offre et de la demande

Il est clair que le marché du médicament est totalement différent par rapport aux autres marchés entre autres concernant les pratiques de fixation de prix, il faut savoir que le marché des médicaments est complexe par les caractéristiques du médicament, mais aussi du marché alloué.

L'offre :

L'industrie pharmaceutique a dû s'adapter aux législations sur les brevets mais aussi les modes & méthodes de recherche des médicaments c'est-à-dire la biotechnologie.

Nous savons que chaque nouvelle Molécule, bénéficie d'un brevet qui dure à peu près 20 ans et peut être prolongé sur

---

[11] Statista 2018

demande, cette demande peut être reconduite d'un maximum de cinq ans, c'est à cette fin que ces médicaments tombent dans le marché des génériques.

Actuellement le marché des génériques commence à être leader par rapport aux princeps, puisque les produits perdent leur brevet donc il y a plus de facilité pour les industries pharmaceutiques de les acquérir et pour les patients de les consommer à moindre coût.

La biotechnologie est une méthode de recherche de développement nouvellement créé, c'est un changement majeur qui modifie la méthode de recherche et de développement des nouveaux actifs médicamenteux.

Ce genre d'évolution impact directement sur les coûts de la recherche et développement ce qui inclut une augmentation, il y a deux facteurs pouvant être distingués ; des activités chimiques comme l'adoption de nouvelles techniques de recherche comme High Throughput Screening (un Ciblage à haut débit) mais aussi le profilage préclinique « in vivo et in vitro ». Cette augmentation est due à un nombre important de recherches ce qui inclut des moyens humains et matériels, mais aussi des tests qui engendrent un fort taux d'échec.

La demande :

Il y a une évolution et une transformation de la demande qui impacte directement le comportement et la stratégie des firmes pharmaceutiques, Anonyme : « *Depuis les années 80, il y a une transition démographique, épidémiologique et même démocratique : nos besoins se sont occidentalisés ; c'est-à-dire, si dans les années 90 les premiers produits sur le marché en termes de valeurs, c'était les antibiotiques, actuellement, c'est plutôt les produits du métabolisme, c'est-à-dire diabète.* »

Présentement, les principaux acteurs de la demande sont les patients, qui disposent d'information libre via entre autre internet, en utilisant des moteurs de recherche pour faire un comparatif entre les différentes molécules, marques... mais aussi les forums où les patients/médecins donnent leurs avis...

Il y a aussi le système de santé, qui adapte et consolide et contrôle ses dépenses, par la forte demande continue curative non pas préventive, mais également à cause de l'évolution épidémiologique, du vieillissement de la population et évidemment les montants importants que génèrent les médicaments nouveaux.

4.4.2 - Analyse de la concurrence

Au niveau du marché pharmaceutique, la principale concurrence réside dans l'existence d'entreprises commercialisant des médicaments génériques. Celles-ci sont présentées comme des concurrents difficiles à cause du très bas prix de leurs produits. Le plus grand risque pour des produits pharmaceutiques « spécialisés » serait de perdre leur brevet et d'être comparés aux médicaments génériques qui obtiendront dans la majorité des cas gain de cause par leurs prix moins onéreux.

Les produits pharmaceutiques sous un nom de marque sont eux-mêmes concurrents entre eux, car les innovations dans le domaine des recherches pour l'amélioration de plusieurs médicaments ne cessent de progresser de jour en jour.

4.4.3 - Conclusion

Dans le monde de l'industrie pharmaceutique, la mise en place d'une politique spécifique dédiée à ce secteur est impérative. La politique pharmaceutique servira dans un premier temps à constater l'approvisionnement régulier et suffisant en médicaments dans un pays. Mais sa mise en œuvre nécessite une législation et une réglementation appropriées dans le domaine de l'industrie pharmaceutique.

La politique pharmaceutique est surtout l'ensemble des stratégies à mettre en œuvre pour une implantation. Le ministre de la Santé est le plus habilité à mener à bien cette politique, avec la collaboration étroite des autres secteurs ministériels comme les responsables de la planification, les finances, l'enseignement, l'industrie et le commerce.

Cette collaboration permettra de définir les règles relatives aux importations, aux barrières douanières, à la fixation des prix, à l'attribution de devises et aux taxes douanières ayant des effets positifs sur l'acquisition, la fabrication et la consommation des médicaments. Une politique nationale pharmaceutique adopte donc des mécanismes permettant au secteur de la santé d'attirer les autres secteurs et de participer activement à la prise de décisions.

En raison de la crise économique, les pays sont nombreux à investir dans les pays en voie de développement comme l'Algérie afin d'augmenter leurs bénéfices grâce à plusieurs facteurs comme l'existence de personnel qualifié avec un salaire très bas.

V - Le marché pharmaceutique algérien.

5.1 - Le contexte général en Algérie

Depuis plusieurs années, il existe un programme de privatisation des entreprises publiques algériennes pour gérer la crise économique. Puisque son économie est basée essentiellement sur la rente des hydrocarbures et de leurs dérivés, l'État algérien a dû s'ouvrir à des investissements dans d'autres domaines tels que l'industrie pharmaceutique. La diversification de l'économie, l'investissement et la création d'emplois figurent en effet parmi les grands axes de la politique de développement de l'Algérie.

La Direction générale du Trésor précise cependant que : « Le savoir-faire des investisseurs étrangers est apprécié [par l'État algérien], mais ne peut se mettre en place dans l'industrie et les services que sous forme de partenariat minoritaire depuis 2009 (règle des 51 % / 49 %) ».

Pour être présents sur le marché international, plusieurs pays en voie de développement, comme ceux du Maghreb (Algérie, Maroc et Tunisie), rejoignent le Programme d'Ajustement Structurel (PAS) coordonné principalement par la Banque mondiale et le FMI. En effet, de nombreux pays en voie de développement attirent de plus en plus les pays investisseurs.

Néanmoins, l'opportunité d'affaires ne garde sa cohérence qu'à partir du moment où la stabilité politique du pays est formellement garantie, que l'environnement économique y est satisfaisant et que le climat des affaires y est favorable.

Or, la loi de finances algérienne pour 2018 est établie sur une hypothèse de croissance économique de 1,7 %. La croissance hors hydrocarbures est soutenue et tirée par la dépense publique de l'État. L'économie algérienne reste dépendante des hydrocarbures qui contribuent fortement à la formation du PIB, représentent 95 % des recettes d'exportation et 60 % des recettes de l'État.

Par conséquent, la baisse continue des cours du pétrole représente un risque pour l'équilibre macroéconomique de l'Algérie. Elle pourrait impacter négativement le potentiel d'investissement puisque le savoir-faire des investisseurs étrangers ne peut se mettre en place dans l'industrie que sous-forme de partenariat minoritaire, avec 51 % de parts de l'État.

Cependant, grâce à ses règles budgétaires et à une gestion rationnelle de ses réserves de changes, l'Algérie a réussi à accumuler, depuis les années 2000, des ressources financières importantes. Elles lui permettent, pour l'instant, de faire face au retournement de la conjoncture pétrolière sur les marchés mondiaux et de se donner le temps de mettre en place une stratégie nationale de diversification de son économie. Cette dernière est à présent une urgence au vu de la conjoncture pétrolière.

Concernant le climat des affaires, la situation du pays étudié est très délicate.

En effet, en 2018, l'Algérie a été classée au 172e rang sur les 180 pays au niveau mondial en termes de liberté économique[12]. L'économie algérienne, classée dans la catégorie « Repressed» (liberté réprimée/étouffée), fait partie des économies les moins libres du monde[13]. En Afrique du Nord, son classement la place derrière le Maroc, la Tunisie, l'Égypte et la Mauritanie. Au cours des cinq dernières années, la liberté économique a décru en

---

[12] Source : Economic Freedom Index, 2018.
[13] Source : Economic Freedom Index, 2018.

Algérie, ce qui est d'autant plus préoccupant pour les investisseurs étrangers.

D'après cette étude, les dépenses publiques, dépendantes du secteur des hydrocarbures, limitent fortement la gouvernance budgétaire. Des mesures pour l'allégement réglementaire et l'ouverture des marchés n'ont pas été appliquées. L'économie algérienne est trop subordonnée au secteur de l'énergie. Ce dernier est dominé par l'État qui décide en grande partie des choix d'investissement et des acteurs économiques avec qui le pays doit nouer des partenariats. « Les barrières tarifaires et non-tarifaires, couplées à une réglementation lourde en matière d'investissement et de création d'entreprises, continuent d'entraver le développement d'un secteur privé plus dynamique », indique Karam Kara-Békir[14].

Or, l'Index of Economic Freedom[15] précise que « La forme la plus élevée de liberté économique assure un droit absolu à la propriété privée, permet une liberté totale de mouvement pour les salariés, capitaux et biens, et une absence totale de coercition ou de contraintes sur la liberté économique, sauf en cas de protection ou maintien de la liberté elle-même. »

Cet indice de la liberté économique est établi sur la base de dix facteurs (FMI, Banque mondiale, Economist Intelligence Unit) :

- Liberté d'entreprise,
- Liberté des échanges,
- Poids des taxes et impôts,
- Dépenses du gouvernement,
- Stabilité monétaire,

---

[14] Karam Kara-Békir, 2015.
[15] Index of Economic Freedom, 2008.

- Liberté d'investissement,
- Dérégulation financière,
- Protection de la propriété privée,
- Lutte contre la corruption,
- Libéralisation du travail.

Ces dix facteurs sont ensuite regroupés en quatre catégories :

- Le rôle de la loi,
- La taille du gouvernement,
- L'efficacité de la réglementation,
- L'ouverture des marchés.

Ainsi, le fait que l'Algérie se situe parmi les pays où règne le moins de liberté économique est un indicateur fortement défavorable, lié à la structure d'un pays dirigé par un État rentier dépendant d'une seule ressource.

Dans ce contexte économique très particulier, économie dirigiste, État rentier, pays sans liberté économique, la problématique relative aux procédés stratégiques des entreprises étrangères souhaitant investir dans le marché algérien de l'industrie pharmaceutique revêt une importance majeure : elle permet d'éclairer sur la manière dont une entreprise extérieure peut évoluer dans un secteur sensible au sein d'une économie difficile d'accès (stratégie marketing) ; elle formule également des propositions pour que l'État algérien, soucieux de diversifier son économie, puisse gérer des partenariats dans ce cadre planifié (stratégie macroéconomique).

5.2 - L'évolution du système de santé algérien

Pour mieux comprendre le marché nous allons réaliser une rétrospective des décennies passées

Sachant que le système de santé algérien[16] a connu trois grandes phases dans son évolution.

5.2.1.1 - La phase post-indépendance

A- La première décennie après l'indépendance (1962-1973)

Au lendemain de l'indépendance, le pays ne disposait que de 600 médecins pour couvrir les besoins de santé d'une population estimée à 10 millions d'habitants.

Cette première décennie est caractérisée par :

- Un appel à la coopération médicale internationale.
- La mise en place d'équipes mobiles d'action sanitaire.
- En collaboration avec les experts de l'OMS (Organisation mondiale de la santé), la mise en œuvre de programmes de santé.
- Un financement de la santé provenant de trois sources : l'État, la Sécurité sociale et les paiements directs.

B - La deuxième décennie (1973-1982)

Cette seconde période se distingue par :

- L'instauration de la gratuité des soins dans les structures de santé publique dès 1974 et la généralisation de l'accessibilité des services de santé à la population.
- Les réformes du système éducatif.

---

[16] Source : L.Arezki, l'analyse du marché pharmaceutique "Princeps vs Générique", mémoire d'ingénieur commercial, 2010

- La création des secteurs sanitaires auxquels ont été rattachées toutes les unités de soins de base.

C - La troisième décennie (1983-1992)

Cette décennie est marquée par :

- La réalisation d'infrastructures importantes.
- L'acquisition de nombreux équipements.
- L'existence d'un potentiel médical et paramédical conséquent.
- De profonds bouleversements socio-économiques qui influent négativement sur le développement des secteurs sociaux.

5.2.1.2 - La phase de transition

La phase de transition se caractérise par :

- Des bouleversements socio-économiques dus à la chute des revenus, au poids de la dette extérieure, à l'insuffisance de la productivité et au retard dans le développement des secteurs sociaux.
- Un passage à l'économie de marché qui se traduit par une récession économique et sociale.
- La fin de l'ère du « tout État ».

5.2.1.3 - La phase actuelle

La phase actuelle est, quant à elle, marquée par les faits suivants :

- La gestion, la répartition et l'utilisation des ressources ne tiennent pas compte du rapport coût/rentabilité et coût/efficacité.
- L'organisation hospitalo-centrée et bureaucratisée privilégie le curatif au préventif, observant la capacité du

système de santé actuel à prendre en charge l'ensemble des problèmes de santé sans cesse croissants.

Ainsi, l'évolution générale des données socio-économiques du pays et les exigences d'amélioration de l'efficience du système de santé ont nécessité une adaptation organisationnelle qui s'est traduite par :

- La régionalisation (en 1996) et la mise en place de cinq régions sanitaires dont la coordination est assurée par des conseils régionaux de la santé.
- La révision des statuts des établissements publics de santé pour qu'ils disposent d'une plus grande autonomie de gestion.
- La redéfinition de la politique nationale du médicament visant l'élaboration d'un cadre réglementaire concernant notamment l'enregistrement, le contrôle et la distribution de produits pharmaceutiques.
- La mise en place d'un dispositif pour assurer la disponibilité et l'accès aux médicaments.
- L'encouragement de la production pharmaceutique nationale et le développement de la formule du partenariat.
- La création d'organismes de soutien.
- La valorisation des ressources humaines.
- Le développement du réseau de communication.
- La normalisation de l'exercice à titre privé.

5.3 - Le financement de la santé

Depuis l'indépendance, le système de santé algérien a connu deux périodes de financement distinctes.

5.3.1. La période de financement mixte (1962-1973)

Celui-ci était assuré par l'État et les collectivités locales (60 %), par la Sécurité sociale (30 %) et par des paiements directs effectifs réalisés par les couches sociales aisées et les professions libérales (10 %).

5.3.2 - La période de gratuité des soins (1974-1992)

L'institution de la gratuité de la médecine s'est accompagnée de la mise en œuvre d'une nouvelle procédure appelée budget global (budgétisation). Celle-ci était financée par deux principales sources : la contribution de l'État et la participation de la Sécurité sociale.

Cependant, avec l'avènement du chômage et la forte contraction de l'emploi, les pressions exercées sur la Sécurité sociale ont impliqué, depuis 1988, une remontée importante de la part de l'État qui avoisine aujourd'hui les 60 %.

5.3.3 - La période actuelle (1992-aujourd'hui)

Pour cette période, les modalités de financement de la santé publique ont subi des aménagements. La loi de finances de 1992 a organisé des relations contractuelles entre les structures sanitaires et les organismes de Sécurité sociale. Les dépenses de prévention, de formation, de recherche médicale et les soins prodigués aux personnes démunies (non-assurés sociaux) sont à la charge de l'État :

« L'ordonnance 96-17 de 1996 stipule en son article 29 que les frais de soins et de séjour des assurés sociaux dans les structures sanitaires publiques sont pris en charge sur la base de conventions conclues entre les organismes de la Sécurité sociale et les établissements de santé publique concernés. Néanmoins, sur le terrain, au-delà des sommes allouées, c'est l'allocation de ces ressources d'abord et ensuite la contrepartie réelle de ces crédits pour la qualité des soins prodigués dans les structures sanitaires qui alimentent toujours une vive polémique entre les organismes de Sécurité sociale et l'État, d'abord, et entre les gestionnaires de ces usagers, malades, ensuite. »[17]

5.4 - L'industrie pharmaceutique en Algérie : un marché en plein développement

5.4.1 - Définition du produit pharmaceutique

Le produit pharmaceutique est défini par la loi algérienne n° 85.05 du 16 février 1985 relative à la protection et à la promotion de la santé :

« Art. 169 : Au sens de la présente loi, les produits pharmaceutiques comprennent les médicaments, les réactifs biologiques, les produits chimiques officinaux, les produits galéniques, les objets de pansement et tous les autres produits nécessaires à la médecine humaine et vétérinaire.

Art. 170 : On entend par médicament, toute substance ou composition présentée comme possédant des propriétés curatives ou préventives à l'égard des maladies humaines ou animales, tous produits pouvant être administrés à l'homme ou à l'animal en vue d'établir un diagnostic médical ou de restaurer, corriger, modifier leurs fonctions organiques.

Art. 171 : Sont également assimilés à des médicaments : les produits d'hygiène et produits cosmétiques contenant des substances vénéneuses à des doses et concentrations supérieures à celles fixées par arrêté du ministère de la santé, les produits diététiques ou destinés à l'alimentation animale qui

---

[17] Ministère de la Santé et de la population

renferment des substances non alimentaires leur conférant des propriétés sur la santé humaine. »

5.4.2 - La politique pharmaceutique algérienne

En 2010, dans un souci de protectionnisme économique, l'État algérien a interdit la distribution par les grossistes des médicaments fabriqués sur le territoire national. Ainsi, les producteurs locaux ont dû créer leur réseau de distribution et vendre leurs médicaments directement aux officines pharmaceutiques.

Par conséquent, les importateurs de médicaments doivent être actifs à la fois dans le secteur de la fabrication et dans celui de la production pharmaceutique, l'objectif de l'État algérien étant de diminuer l'importation de médicaments et de réduire cette dépendance du pays.

L'Algérie souhaite développer l'industrie pharmaceutique locale pour qu'elle devienne une plate-forme de production de génériques. La consommation de médicaments est de 45 euros par habitant. Le marché national de l'industrie des médicaments représentait 1,45 milliard d'euros en 2009, le marché algérien du médicament étant estimé à plus de 3,3 milliards d'euros[18] en 2016. Ce marché est dominé par des groupes étrangers.

L'offre nationale est constituée de 326 laboratoires, 55 producteurs, 133 importateurs, 150 grossistes/distributeurs et 9 600 pharmacies. Le pays compte également 129 unités de fabrication de produits pharmaceutiques dont 73 concernent le médicament. Par ailleurs, 218 projets d'unités de fabrication sont en cours de réalisation dont 151 pour le médicament (115 sont de nouveaux projets pour la période 2010-2014 ; 90 d'entre eux portent sur le médicament).

---

[18] 18e édition du Forum pharmaceutique international.

Ce secteur en Algérie se caractérise par la présence de nombreux investisseurs comme le français Sanofi-Aventis, Hikma pharma, Saïdal, Novartis...

Dans l'industrie pharmaceutique, certains aspects de l'organisation doivent être revus, notamment en matière de normes. L'ordre des pharmaciens algérien estime qu'il est nécessaire pour le marché algérien de mettre en place une licence obligatoire pour les produits technologiques.

Une licence obligatoire (article 31 de l'ADPIC, Définition et condition d'octroi des licences obligatoires) est une autorisation délivrée par les pouvoirs publics à un tiers pour la fabrication d'un produit breveté ou pour l'utilisation d'un procédé breveté sans avoir obtenu le consentement préalable du titulaire du brevet.

Les suggestions du Conseil de l'ordre national des pharmaciens (CNOP) ont pour but d'améliorer la place du marché pharmaceutique algérien. L'ordre des pharmaciens demande que les accords pris avec les différents investisseurs aient pour contrepartie les licences obligatoires, car seul un médicament sur trois est fabriqué en Algérie.

Puisque le marché pharmaceutique en Algérie a doublé de valeur, « passant à 2,9 milliards de dollars en 2011 alors qu'il était à 1,6 milliard de dollars en 2006 »[19], l'ordre affirme qu'il faut permettre aux acteurs nationaux de venir sur le marché à condition qu'il y ait un engagement de fabriquer toute ou partie des produits que les investisseurs vont commercialiser sur une échéance de 5 ans.

Il est logique que la CNOP n'adhère pas à l'idée que seuls les investisseurs profitent de l'expansion du marché pharmaceutique algérien, car entre 2009 et 2010, les principales

---

[19] El Moudjahid, 2013.

actions ou les projets de coopération dans le secteur pharmaceutique ont augmenté de 10 %.

5.4.3 - La fixation des prix des médicaments

Dans l'objectif de maîtriser les dépenses en médicament par les caisses de Sécurité sociale et de favoriser le médicament générique, un tarif de référence algérien a été défini.

Ce tarif concerne plusieurs classes thérapeutiques :

- Les antihistaminiques aux anti-infectieux ;
- Les antalgiques ;
- Les anti-inflammatoires ;
- Les antihypertenseurs ;
- Les bêtabloquants ;
- Les produits de cardiologie et angiologie ;
- Les corticoïdes avec broncho-dilatateurs ;
- Les hormones contraceptives ;
- Les anticoagulants ;
- Les antianémiques ;
- Les antidépresseurs ;
- Les anxiolytiques.

Ce tarif de référence est régi par l'arrêté du 28 septembre 2009 complété par l'arrêté du 6 mars 2008 fixant les tarifs de référence servant de base au remboursement des médicaments et les modalités de leur mise en œuvre.

C'est le comité économique qui est chargé de fixer les prix des différents produits pharmaceutiques. L'arrêté n° 66 du 11 juillet 2012 du ministre chargé de la santé « portant organisation et fonctionnement du comité économique » stipule dans son article 2 : « Le comité a pour mission l'étude de la documentation économique relative à chaque produit pharmaceutique soumis à l'enregistrement en vue de la détermination de son prix à la production hors taxes ».

Les modalités de fixation des prix des médicaments sont les suivantes :

Le prix du médicament est déterminé conformément aux dispositions prévues par l'arrêté ministériel n° 66 du 11 juillet 2012 « portant organisation et fonctionnement du comité économique ».

Pour cela, le comité est constitué de représentants de plusieurs structures du MSPRH (direction de la pharmacie, finances et moyens, planification), LNCPP, PCH et MTESS.

La mission de fixation des prix des médicaments dévolue au comité économique concerne :

- Les médicaments fabriqués en Algérie : fixation du prix PCSU (prix cession sortie usine), exprimé en DA
- Les médicaments conditionnés en Algérie : fixation du prix FOB (free on board), exprimé en devise, et du PCSU, exprimé en DA.
- Les médicaments importés : fixation du prix FOB

Les prix sont fixés pour une durée de 5 ans et doivent concilier différents impératifs :

- Encouragement de la production nationale.
- Accessibilité des citoyens aux médicaments.
- Substitution à l'importation.
- Éviction de l'inflation de la facture globale des produits pharmaceutiques.

Différents éléments d'appréciation sont aussi considérés pour la validation des prix :

- Les prix des génériques sont inférieurs à ceux des princeps.
- Les prix en Algérie sont inférieurs à ceux pratiqués en Europe (au moins de 10 % par rapport au prix le moins cher).
- Les prix en Algérie sont inférieurs à ceux pratiqués dans les pays voisins (Tunisie, Maroc, rive sud de la Méditerranée).
- Le premier fabricant d'une DCI bénéficie d'un prix inférieur de 20 % par rapport au princeps (au lieu de 30 %).

Le prix d'un médicament soumis à l'enregistrement est étudié dans le cadre du comité économique à l'aide de plusieurs outils : bases de données nationales et internationales, tarif de référence et structure de prix précisant les intrants, les charges directes et indirectes, le prix de revient et le prix de cession sortie usine (PCSU).

Par ailleurs, le décret exécutif n° 98-44 du 1er février 1998, relatif aux marges plafonds applicables à la production, au conditionnement et à la distribution des médicaments ; à usage de la médecine humaine (JO n° 05 du 4 février 1998) stipule dans son *article 9* que : « Les médicaments ayant obtenu un numéro d'enregistrement et une déclaration statistique de réception de médicaments auprès de la direction de la pharmacie et du médicament du Ministère de la Santé et de la population, feront l'objet d'un dépôt de prix à l'importation ».

5.4.4 - Princeps vs Génériques

Schéma constituant l'étape de recherche et de développement et de création d'un nouveau médicament :

Source : Leem

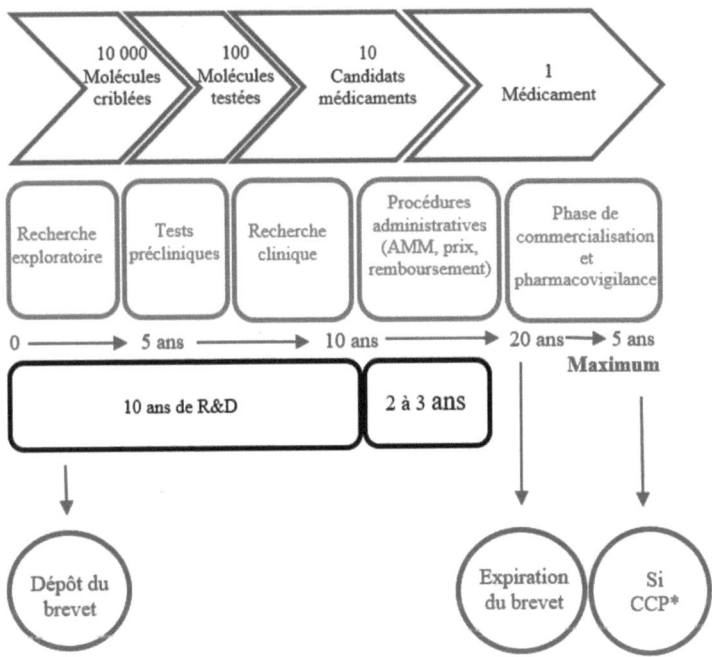

*Certificat complémentaire de protection

5.4.4.1 – Définition

> **Spécialité de référence ou produit princeps :**

Lorsqu'une molécule découverte par un laboratoire a obtenu l'autorisation de mise sur le marché (AMM), délivrée en Algérie par la direction des produits pharmaceutiques du Ministère de la Santé, de la population et de la réforme hospitalière (MSPRH), elle est protégée par un brevet, dont la durée est de 15-20 ans. Durant cette période, aucune autre entreprise ne peut la copier.

Lorsque le brevet arrive à expiration, la molécule tombe dans le domaine public et peut être commercialisée sous la forme de copies. Le produit original est alors qualifié de spécialité de référence ou princeps par opposition aux spécialités génériques qui en sont des copies.

> **Spécialité générique[20] :**

Le médicament générique est la copie d'un médicament princeps qui a terminé sa phase de médicament innovant et dont le brevet est tombé dans le domaine public. Il est mis sur le marché à un prix inférieur au produit de référence puisqu'il n'a pas subi de coûts de recherche. Cependant, il doit répondre aux mêmes garanties de fabrication, de contrôle, d'efficacité et de sécurité que le produit princeps. Selon l'article L.5121-1 du Code de la Santé Publique et conformément au Code de la propriété intellectuelle, on entend par « spécialité générique d'une spécialité de référence, celle qui a la même composition qualitative et quantitative en principe actif, la même forme pharmaceutique et dont la bioéquivalence avec la spécialité de référence est démontrée par des études de biodisponibilité appropriées. La spécialité de référence et les spécialités qui en sont génériques constituent un groupe générique (…) ». La spécialité générique doit donc répondre à plusieurs critères :

- même composition qualitative et quantitative que le produit de référence
- même forme pharmaceutique : l'article L.5121-1 du Code de la Santé Publique spécifie que « les différentes formes pharmaceutiques orales à libération immédiate sont considérées comme une même forme pharmaceutique » (comprimés à avaler ou effervescents, gélules, sirops, poudres, etc.).

L'article R.5133-1 du Code de la Santé Publique nuance cette définition en indiquant qu'une « spécialité est considérée comme

---

[20] APIMA : Association pour l'Informatisation Médicale

étant similaire à une autre spécialité si elle a la même composition qualitative et quantitative en principes actifs, la même forme pharmaceutique et si, le cas échéant, la bioéquivalence entre les deux spécialités a été démontrée par des études appropriées de biodisponibilité ». Cela veut dire que si la spécialité générique ne peut pas répondre exactement aux critères de même composition qualitative ou quantitative (par exemple, excipients différents) ou n'est pas commercialisée exactement sous la même forme pharmaceutique que le princeps (par exemple, sous forme de poudre à la place de comprimés effervescents), elle peut tout de même être considérée comme similaire à la spécialité de référence si la bioéquivalence est respectée. On peut ainsi retrouver un conditionnement plus varié d'un même produit actif dans les limites du respect de la bioéquivalence entre ses différentes formes. Un groupe générique constitue l'ensemble formé par les médicaments princeps et ses copies. Cependant, tous les médicaments ne sont pas génériquables même s'il en existe plusieurs copies sur le marché, c'est le cas par exemple du paracétamol et de l'acide acétylsalicylique. Ces molécules ne font pas partie d'un groupe générique car, selon le Ministère de la Santé, elles sont trop anciennes pour qu'on puisse identifier le princeps et donc la marque de référence.

> **Biotechnologie :**

D'après l'OCDE (Organisation de Coopération et de Développement Économique), « les biotechnologies se définissent comme les applications des sciences et techniques à des organismes vivants, qu'il s'agisse d'éléments, de produits ou d'échantillons, pour transformer les matériaux vivants ou non, dans le but de produire des connaissances, des biens et des services ».

5.4.4.2 - Une transformation du modèle économique de l'innovation

L'entrée dans le domaine public des brevets de produits innovants et commercialisés dans les années 80-90, l'accroissement du marché des génériques et la mise à disposition des patients de produits ciblés issus des biotechnologies argue un bouleversement du modèle économique de l'innovation.

Dans les cinq prochaines années, de nombreux médicaments internationalisés réalisant un chiffre d'affaires annuel de 80 Md$ vont tomber dans le domaine public entraînant inéluctablement un fort déploiement du marché mondial des génériques et, très rapidement, des biosimilaires[21].

5.4.4.3 - Quelques statistiques pour l'Algérie

- Les médicaments génériques ne représentent que 35 % de la consommation algérienne moyenne et les médicaments princeps 65 %.

- 80 % des besoins de médicaments pharmaceutiques sont couverts par une production locale composée de génériques[22]. En effet, ces génériques sont issus de la

---

[21] Un médicament biosimilaire est une préparation qui succède à un médicament issu de la biotechnologie dont le procédé de fabrication n'est plus protégé. Les biosimilaires sont comparables à leur préparation de référence sans toutefois leur être identiques. Source : Valérie Sabatier. Discontinuités technologiques et business models : analyse des mécanismes de transformation de l'industrie du médicament. Gestion et management. Université de Grenoble, 2011. Français.

[22] Fourni par Mena Post : portail d'actualité (Middle East & North Africa), Composée de chercheurs, de journalistes et de spécialistes de la région, l'équipe de Mena Post fournit quotidiennement informations, analyses et articles de réflexions et d'opinions sur l'actualité politique, économique, sociale et culturelle du Moyen-Orient et du Maghreb.

même molécule mère que les médicaments d'origine et en sont, de ce fait, des copies moins chères.

- Cependant, « *Les malades préfèrent majoritairement les molécules mères, même si les génériques leur coûtent moins cher, ils sont conscients de leur manque d'efficacité et demandent par exemple qu'on leur donne la boîte de Doliprane jaune à la place d'une rouge* »[23] constate Amel Chettouf. Pourtant, selon les spécialistes, les génériques sont aussi efficaces que leurs princeps et passent par les mêmes processus de contrôle avant leur commercialisation. Ainsi, le manque d'information et de sensibilisation s'avère être un obstacle pour les médecins et les patients qui restent perplexes quant à l'efficacité des produits.

Types de médicaments fabriqués

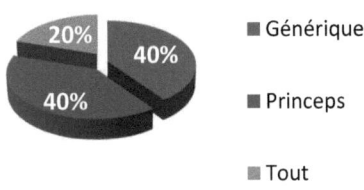

La majeure partie des sociétés consultées concentre sa production sur l'un ou l'autre des deux types de médicaments : génériques pour 40 % et princeps pour 40 % également. 20 % des entreprises interrogées fabriquent les deux types de médicaments à la fois.

5.4.5 - Le marché pharmaceutique algérien

Pour analyser le marché pharmaceutique algérien, il faut prendre en compte deux facteurs : les données sur le marché pharmaceutique et les données sur la situation économique.

Le marché pharmaceutique algérien est de plus en plus développé et représente l'un des plus importants marchés dans le

---

[23] « Algérie : Difficultés du secteur pharmaceutique » - Amal Chettouf - février 2014.

continent africain. Selon les documents produits par le Ministère de la santé en Algérie et par d'autres organismes internationaux :

- Le marché algérien du médicament s'élève à 3,3 milliards d'euros en 2016.
- L'importation est la principale source de croissance du marché des médicaments en Algérie, en 2016 la facture d'importation des produits pharmaceutiques a légèrement augmenté 2 milliards de dollars « +2,4 % »
- La production nationale est en augmentation et occupe 47 % du marché actuellement en 2016 d'après le président de l'Union nationale des opérateurs de la pharmacie (UNOP)
- Les médicaments génériques ne représentent que 35 % de la consommation algérienne moyenne contre 65 % pour les médicaments princeps.

La situation économique en matière d'industrie pharmaceutique se concentre sur les médicaments génériques, car ceux-ci sont favorisés par leur prix abordable. Le vice-président de l'ordre des pharmaciens algériens Amir Touafek considère que « la mise en place d'une vraie politique générique concertée permettra de générer les économies nécessaires au financement d'un arsenal thérapeutique innovant, répondant au relief épidémiologique particulier de l'Algérie et aux enjeux de santé publique clairement identifiés (cancers, maladies non-transmissibles...) ».[24]

L'industrie pharmaceutique algérienne fait beaucoup d'efforts pour accéder à une meilleure place dans le marché international, mais aussi local. Pour la première fois en 2015, elle a été intégrée au tableau mondial de la BMI (Business Monitor

---

[24] Cristofari J.-J., 2007.

International), un bureau d'études chargé d'évaluer l'environnement des affaires[25].

Dans la même optique, le gouvernement algérien a mis en place un programme de modernisation au sein du plan de développement 2005-2009 auquel le gouvernement a consacré 2 milliards de dollars destinés principalement à la construction d'hôpitaux et de cliniques.

Le marché pharmaceutique algérien présente donc plusieurs atouts, c'est un marché dynamique en pleine expansion et très prometteur. Le secteur d'activité le plus intéressant est l'industrie du médicament générique grâce à son prix abordable et à la facilité d'accès aux soins en Algérie.

L'investissement est un levier très important pour tous les secteurs, y compris pour celui de l'industrie pharmaceutique. De ce fait, toutes les sociétés sondées envisagent d'investir dans le futur que ce soit dans de nouveaux produits, de nouvelles gammes ou activités.

Donc, pour les investissements, l'Algérie est attractive par la faiblesse des coûts de l'énergie, la présence de main-d'œuvre qualifiée et bon marché, la proximité vis-à-vis de l'Europe. Par contre, les investissements en Algérie ne sont pas sans danger : la lenteur de l'administration, la complexité de la législation et les difficultés liées à l'accès au foncier industriel bloquent souvent les investisseurs qui souhaitent s'implanter en Algérie.

---

[25] « Algeria Pharmaceuticals & Healthcare Report », BMI Research, avril 2015.

5.5 - L'exportation et l'importation dans le domaine pharmaceutique

5.5.1 - L'importation en Algérie

Tous secteurs confondus, la France a perdu sa place de premier fournisseur de l'Algérie au profit de la Chine en 2013. Les principaux postes d'exportations françaises vers l'Algérie sont les céréales, les véhicules automobiles et les produits pharmaceutiques avec un taux de 12,4 %.

Dans le domaine de l'industrie pharmaceutique, l'Algérie exporte rarement des médicaments ou des produits pharmaceutiques tandis que le taux d'importation est élevé (63 % du marché selon le ministre de la Santé, de la Population et de la Réforme hospitalière, Amar Tou). Cela inquiète les acteurs du marché pharmaceutique national. Cette supériorité du taux d'importation est liée au fait que beaucoup de groupes pharmaceutiques internationaux ont historiquement utilisé la France comme territoire de transit pour leur implantation en Algérie.

Depuis l'ouverture à l'économie de marché en 1992, les laboratoires désirant importer leurs produits en Algérie ne sont plus tenus de soumissionner aux appels d'offres de l'État. Ce changement du statut économique a ouvert l'accès à de nombreuses importations vers l'Algérie. Pour y faire face, l'État a engagé depuis 2009 une nouvelle politique d'importation rigoureusement réglementée.

Celle-ci s'inscrit dans le cadre de la nouvelle politique pharmaceutique qui vise à assurer l'accès aux médicaments à l'ensemble de la population, garantir la qualité des médicaments offerts, les prescrire d'une manière rationnelle, réduire les coûts d'acquisition au profit du malade et limiter les dépenses de santé en matière d'importation du médicament par des achats rationnels.

L'importation de médicaments est donc soumise à un ensemble de lois relatives à la protection et à la promotion de la santé. Ces lois comprennent l'évaluation minutieuse des données soumises pour attester l'innocuité, l'efficacité et la qualité d'un produit pharmaceutique et déterminer ses indications. L'importateur se voit tenu au respect des lois et règlements en vigueur en particulier des dispositions du décret exécutif n° 92-286 du 6 juillet 1992 modifié et complété.

Par le biais de l'arrêté ministériel du 30 octobre 2008, le gouvernement a également pris de nouvelles dispositions qui imposent aux investisseurs pharmaceutiques d'investir dans la production locale. Le gouvernement veut aussi empêcher l'importation des médicaments produits localement. Anonyme : « *Faisons de cette contrainte une opportunité puisque tout produit fabriqué localement est interdit à l'importation, donc, c'est un gain pour nous qui avons accepté de s'insérer dans cette réglementation.* » L'objectif est que l'Algérie couvre 70 % de ses besoins en médicaments par la production locale. Le but de cet arrêté est surtout de baisser le prix du médicament au fur et à mesure que le volume des importations est réduit.

Cet arrêté établit un cahier des conditions techniques à l'importation des produits pharmaceutiques et des dispositifs médicaux destinés à la médecine humaine. En voici quelques exemples :

- Le grossiste importateur est tenu de se procurer les produits pharmaceutiques uniquement auprès des fabricants dûment autorisés dans leur pays d'origine par les autorités sanitaires compétentes et de confier la responsabilité technique de l'activité d'importation et de distribution à un pharmacien (Art. 1).

- Pour chaque lot importé, l'importateur doit s'assurer et justifier de l'exécution des contrôles pratiqués sur le produit pharmaceutique selon les méthodes décrites dans le dossier de demande d'enregistrement (Art. 5, alinéa 1).

- Le pharmacien directeur technique demeure responsable de la qualité des produits importés et mis sur le marché et doit procéder aux contrôles de conformité nécessaires au niveau du laboratoire national de contrôle (Art. 5, alinéa 1).

- Le prix de vente au public doit être apposé sur le conditionnement de tous les produits destinés à être commercialisés en officine (Art. 3, alinéa 1).

- Les produits à durée de vie limitée ne devront en aucun cas avoir été fabriqués depuis plus de 6 mois à la date d'expédition. Pour les produits de pénétration égale ou inférieure à 18 mois, le délai prévu ci-dessus est ramené à 4 mois (Art. 6).

- Les conditionnements des médicaments doivent être conformes aux normes internationales en vigueur et répondre aux spécifications requises en Algérie (Art. 9).

- Les conditionnements internes et externes devront obligatoirement comporter les mentions légales en caractères apparents, aisément lisibles et indélébiles, dans les langues nationales et étrangères utilisées en Algérie (Art. 10).

- Chaque médicament devra être accompagné d'un prospectus comportant les indications thérapeutiques, la posologie, les effets indésirables, les mises en garde, la vigilance et la conduite à tenir, les interactions médicamenteuses, les autres mentions nécessaires à l'usage du produit ainsi que la dénomination ou la raison sociale et l'adresse du siège du fabricant (Art. 11).

- Les réformes économiques avec, entre autres, l'application de la loi sur la monnaie et le crédit mettant fin au monopole de l'État, ont engendré une réorganisation du secteur pharmaceutique, notamment par : l'instauration de concessionnaires grossistes tels que LPA, Rhône-Poulenc, Sanofi, Glaxo-Wellcome (nouvellement GlaxoSmithKline), la mise en place des importateurs grossistes nationaux et la création de la PCH (Pharmacie Centrale des hôpitaux) chargée d'approvisionner les hôpitaux.

Des statistiques de la DGIEEP (janvier 2011) montrent que les importations de médicaments ont baissé de 23,74 % passant de 915,78 millions Md$ au 1er semestre 2009 à 698,34 millions Md$ au 1er semestre 2010.

Pour une effectivité de ces nouvelles réglementations, le Ministre de la Santé, de la Population et de la Réforme hospitalière installé à la tête du secteur pharmaceutique a fait en sorte de limiter les décisions d'enregistrement de nouvelles molécules. L'objectif est de fixer le nombre de nomenclatures en vigueur. Depuis le lancement de l'opération d'enregistrement en 1996 et jusqu'au 1er octobre 2014, la nomenclature nationale des médicaments compte 5468 produits enregistrés pour 1072 Dénominations Communes Internationales (DCI). 75 % des médicaments enregistrés sont des génériques et 25 % des princeps. Enfin, 46 % de ces produits sont issus de la production locale (fabrication pour 36 % et conditionnement pour 10 %), et la nouvelle nomenclature nationale[26] des produits pharmaceutiques à usage de la médecine humaine datant de mars 2017 compte 4373 produits enregistrés, 2389 faisant l'objet d'un retrait au 30 mars 2017, 763 médicaments non renouvelés.

5.5.2 - L'exportation algérienne

Concernant l'exportation pharmaceutique, l'Algérie est présente dans le marché mondial en matière d'antibiotiques,

---

[26] Source : ministère de la santé

de glycosides, de glandes ou autres organes et extraits, antisera, vaccins, etc. Les antibiotiques sont principalement exportés au Mexique et en France.

Pays de destination	Rang	Valeur	Part	Cumulative
Mexico	1	382	59.69	59.69
France	2	258	40.31	100.00
Total		640	100.00	100.00

Les exportations depuis l'Algérie en 2009 en matière d'antibiotiques (Parker P., www.icongrouponline.com)

Anonyme : « *L'export, c'est quelque chose, mais pour pouvoir exporter, il faut être conforme à certaines règles, principalement, l'avantage de l'activité pharmaceutique, c'est qu'elle est réglementée et cet avantage, c'est que c'est pratiquement une réglementation universelle. On ne peut pas philosopher dans l'industrie pharmaceutique.* »

Le gouvernement algérien a créé une Agence algérienne du médicament en raison des transformations du marché pharmaceutique algérien.

Pour que le marché algérien puisse se faire une place dans le marché international, il faut que le marché national sorte de la zone traditionnelle d'importation et de production locale pour se diriger davantage vers une politique de traitements nouveaux.

Ainsi, le vice-président de l'ordre des pharmaciens algériens, Amir Touafek, considère que « la mise en place d'une vraie politique générique concertée permettra de générer les économies nécessaires au financement d'un arsenal thérapeutique innovant, répondant au relief épidémiologique particulier de l'Algérie et aux enjeux de santé publique clairement identifiés (cancers, maladies non-transmissibles...) ».

5.6 - L'environnement d'implantation en Algérie

Actuellement, l'Algérie arrive à subvenir à près de 70 % de ses besoins en matière de médicaments selon l'étude de l'évolution du marché des médicaments en Algérie. L'environnement de l'investissement en Algérie est axé :

- Sur une économie qui favorise davantage l'investissement dans la production que dans l'importation.
- Un accompagnement efficace des producteurs.
- Un cadre réglementaire transparent, prévisible et stable.

Cet environnement fait que les producteurs nationaux du domaine de la pharmacologie ambitionnent souvent de produire localement les médicaments. Selon l'étude de l'évolution du marché des médicaments en Algérie, le gouvernement les cautionne plus facilement, ce marché bénéficiant d'un certain protectionnisme.

De ce fait, une industrie pharmaceutique étrangère qui souhaite s'implanter en Algérie devrait instaurer un partenariat avec les commerçants et producteurs locaux plutôt qu'essayer de s'installer à proprement parler dans le pays. Il serait donc judicieux, comme cela se passe en Chine, de se baser sur une relation d'aide au développement des acteurs économiques locaux. Les modes d'implantation qui correspondent le plus à cette perspective sont les suivants :

- La franchise,
- La licence,
- La joint-venture.

Pour prendre le cas de « Sanofi Aventis », qui s'est installé en Algérie et dont le capital social est monté à 6,502 milliards de dinars[27], le gouvernement algérien a favorisé l'agrandissement de la part de marché de cette firme. Cela est lié à la volonté du gouvernement de réduire ses dettes à l'importation de médicaments.

Pour pouvoir s'implanter au sein du marché algérien et devenir l'un des principaux producteurs de médicaments dans le pays, il a fallu que ce géant français ouvre un partenariat avec le groupe algérien « Saidal ». Ils ont tous deux une filiale commune : « Winthrop Pharma Saidal ». Dans ce cas, nous pouvons donc supposer que le mode d'implantation utilisé par ce groupe se rapproche de la joint-venture si nous nous référons aux généralités données antérieurement.

Pour pouvoir percer dans le marché pharmaceutique algérien, les nouveaux investisseurs doivent faire preuve d'innovation que ce soit en matière technique ou en matière stratégique, mais également connaître l'environnement et les besoins au niveau du pays.

Les stratégies à adopter pour l'implantation d'une firme pharmaceutique se concentrent principalement sur la globalisation du portefeuille de l'entreprise pour y définir des aspects importants, notamment les stratégies marketings, les stratégies de commercialisation, la recherche et le développement, la distribution…

Il faut également une stratégie au niveau du marché comme les stratégies promotionnelles, les stratégies de distribution et de force de vente, les stratégies d'approvisionnement et surtout les stratégies mises en place pour la production locale ayant une place importante pour l'Algérie.

Investir dans un pays en voie développement en matière d'industrie pharmaceutique ou tout simplement investir en

---

[27] Cristofari J.-J., 2010.

Algérie est rentable mais parfois compliqué au niveau des formalités administratives et des formalités légales. L'implantation est donc une étape difficile, mais les bénéfices compensent largement les efforts à fournir durant cette étape.

VI - Analyse du marché pharmaceutique algérien

6.1 - Présentation générale

En Algérie, le marché pharmaceutique est très porteur. Le pays est en phase de faire développer son industrie locale et se focalise surtout dans la limitation des importations pour optimiser la production de produits génériques. Cependant, la part de marché est encore principalement occupée par les produits importés.

Au travers de cet ouvrage, l'objectif est de démontrer que le marché algérien représente une bonne opportunité pour les entreprises pharmaceutiques étrangères qui souhaitent s'y implanter.

Pour cela, le marché pharmaceutique algérien a tout d'abord été analysé grâce à la réalisation d'un diagnostic externe et interne. Le diagnostic interne permettant d'étudier l'influence de l'environnement (sur les plans politique, économique, social, technologique, environnemental et législatif) sur le marché pharmaceutique algérien. Le diagnostic externe à, lui, consisté en une analyse de M. Porter. Le principe des 5 (+1) forces de Porter dit que, pour connaître le succès, une entreprise doit maîtriser les cinq éléments suivants : les contraintes légales imposées par la loi, le pouvoir de négociation des fournisseurs et des clients, la menace de nouveaux entrants potentiels et des produits de substitution, la rivalité entre concurrents. Sur la base des 5 (+1) forces de Porter, une enquête a alors été menée auprès de plusieurs laboratoires pharmaceutiques influents pour détecter leur intensité concurrentielle.

Des entretiens ont été réalisés auprès des responsables et experts du secteur pharmaceutique, principalement des directeurs généraux de firmes déjà présentes sur le marché algérien.

La méthodologie générale d'analyse du marché algérien peut être schématisée de la façon suivante :

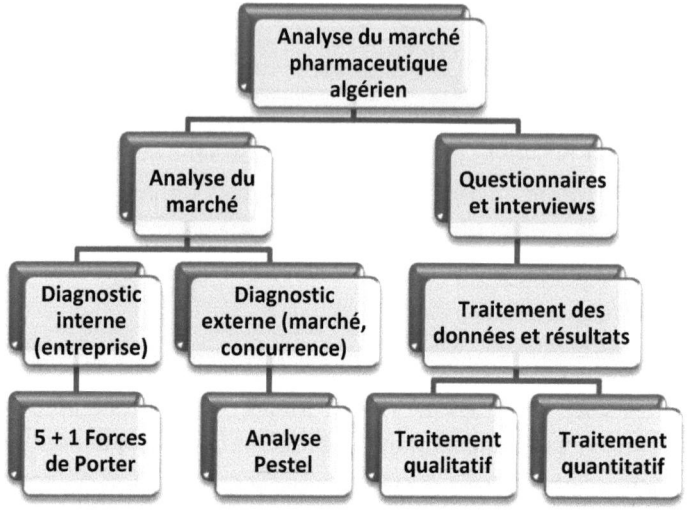

6.2 - Le diagnostic externe :

Toute organisation doit évoluer au sein d'un environnement qui ne dépend pas forcément d'elle. L'analyse PESTEL permet ainsi d'étudier l'influence de cet environnement sur l'organisation en observant les aspects politiques, économiques, sociaux, technologiques, environnementaux et législatifs.

6.2.1 - Sur le plan politique

- Position géographique stratégique pour l'entreprise.
- En ce qui concerne la politique fiscale, elle relève des TAP, IBS, IRG, sachant que les produits pharmaceutiques sont exonérés de la TVA. La marge des produits dépend des prix de vente finaux.
- La production nationale est faible (à peu près 22 % en 2012). Le taux de production du médicament algérien est

de 47 % (source UNOP 2016).

- 134 entreprises sont actives dans la fabrication et le conditionnement de produits pharmaceutiques. Il existe une forte concentration de ces entreprises au centre et une faible concentration à l'ouest (128 se trouvent dans le centre et l'est, et 6 à l'ouest).
- Le produit pharmaceutique est défini par la loi 85.05 du 16 février 1985 relative à la protection et à la promotion de la santé : un contrôle de fabrication sévère, la protection des droits de propriété industrielle, un fort contrôle de la distribution, du marketing, des prix, un agrément des structures pharmaceutiques.
- Élément de cadrage de l'environnement juridique, en pharmacopée, NAP, AMM, LNCPP.
- Politique de privatisation qui ne concerne que les entreprises publiques. On remarque que le secteur privé est surtout représenté par des entreprises familiales.
- Politique de partenariat avec les entreprises étrangères. 78 % des entreprises ont été créées à partir de 2000 (investissement étranger).
- Concernant le commerce extérieur, le marché nord-américain est le plus important (47 %). Viennent ensuite le marché européen (30 %) et le marché japonais (11 %). À noter qu'il est interdit d'importer tout produit provenant d'Israël (ex : TEVA).

6.2.2 - Sur le plan économique

- L'Algérie a adopté le système d'économie de marché. La croissance économique attendue dans le futur amènera certainement une élévation notable du niveau global de la consommation. Sur le plan économique, l'Algérie se place dans une situation intermédiaire entre les pays développés et les pays pauvres. Cette situation est en évolution rapide au regard de l'aisance financière présentée par le pays ces dernières années.

- Le chiffre d'affaires moyen des entreprises adhérentes au programme EDPme est de l'ordre de 1,1 million de dinars.
- La libération de l'économie pharmaceutique a souffert de gérances politiques variées, d'un manque d'accompagnement et de concertation avec les pouvoirs publics.
- L'environnement économique est favorable au producteur.
- Il est nécessaire d'informer les prescripteurs sur les aspects économiques liés au bon usage des médicaments.
- Il faut adopter les mesures nécessaires pour protéger la santé publique et la nutrition et pour promouvoir l'intérêt public dans des secteurs d'une importance vitale pour le développement socio-économique et technologique[28].
- Il est indispensable de réaliser des économies d'échelle de manière à ce que les consommateurs nationaux puissent bénéficier des avantages de produits génériques d'un bon rapport qualité prix.
- L'augmentation de la pression des actionnaires a causé une consolidation de l'industrie : davantage de fusions et d'acquisitions auront lieu dans les années à venir.
- Le PIB de l'Algérie est classé 48e au niveau mondial et 4e en Afrique, à peine 156,1 milliards de dollars en 2016.

6.2.3 - Sur le plan social

- La croissance démographique est d'environ 1,9 % par an.
- Les pathologies évoluent.
- La population est estimée à 41,3 personnes (janvier 2017).

---

[28] Art 8.1

- La densité démographique est de 17,20 habitants/km^2.
- L'espérance de vie est de 77 ans, la tranche du 3e âge augmente.
- Développement des pathologies chroniques (HTA, maladies cardiologiques, diabète).
- Hausse de la consommation des formes sèches, émergence des maladies civilisationnelles (cancer, diabète...).
- L'accessibilité aux soins médicamenteux devient un souci pour certains ménages.
- Régime d'importation couvrant 80 % du marché.
- Couverture sociale quasi-totale.
- Nécessité d'initier et de mettre en œuvre des mesures de lutte contre les nuisances et pollutions ayant un impact sur la santé de la population.
- Il faut adopter les mesures nécessaires pour protéger la santé publique et la nutrition et pour promouvoir l'intérêt public dans des secteurs d'une importance vitale pour le développement socio-économique et technologique[29].
- Il est indispensable de détecter les besoins concernant, entre autres, des médicaments et vaccins nouveaux plus efficaces. Nécessité d'étudier l'attitude des individus à l'égard des médicaments.

6.2.4 - Sur le plan technologique

- Potentiel technologique très récent, mais toutefois mal exploité (taux d'utilisation des capacités inférieur à 50 %).
- Transfert de technologie à haute valeur ajoutée.
- Aspects industriels du développement technologique.

---

[29] Art 8.1

- Selon un rapport de l'Union internationale des télécommunications établi en mars 2012, l'Algérie a progressé dans le domaine des technologies de l'information et de la télécommunication (TIC).
- Il faut permettre la production sans le consentement du détenteur du brevet pour résoudre un problème de santé publique.
- Dépense publique en recherche et développement (R&D).

6.2.5 - Sur le plan environnemental (écologique)

- Les nouvelles dispositions quant aux BPF (Bonnes Pratiques de Fabrication) intègrent des normes pour éviter l'implantation de production de médicament dans des zones peu salubres, ne disposant pas de possibilité d'épuration de leurs eaux usées.
- Forte efficience en matière d'environnement.
- Initier et mettre en œuvre les mesures de lutte contre les nuisances et pollutions ayant un impact sur la santé de la population.
- Jusqu'à ce jour, les médicaments « faits en Algérie » ont démontré leur qualité via le contrôle du LNCPP (Laboratoire National de Contrôle des Produits Pharmaceutiques). Cela atteste le sérieux de cette jeune industrie.
- Parmi les entreprises ayant bénéficié du programme EDPme, seules 5 ont obtenu la certification ISO 9001 version 2000 (2 sont en cours de certification et 20 restent non certifiées). Concernant la certification aux BPF, 6 entreprises l'ont obtenue, 4 sont en cours de certification et 16 restent non certifiées.

6.2.6 - Sur le plan légal

- La création d'un laboratoire pharmaceutique est régie par le décret exécutif n° 92-285 du 6 juillet 1992 relatif à l'autorisation d'exploitation d'un établissement de production et/ou de distribution de produits pharmaceutiques à usage de la médecine humaine[30]. Il détermine les obligations de tout entrepreneur désirant opérer sur le secteur.

- Cadre légal stable (prévisible, transparent et cohérent).
- Les normes algériennes ne sont pas en accord avec les normes internationales du médicament. Il serait nécessaire que les autorités s'appliquent à réduire cet écart par une mise à niveau, sur la base la plus proche. Cela est d'autant plus indispensable que la stratégie de relance et de développement industriel s'inscrit dans un espace supranational, euro-méditerranéen et maghrébin.
- Il serait bon de définir une politique du médicament, principalement du médicament générique et, si possible, en DCI (Dénomination Commune Internationale), basée sur des listes prioritaires.
- L'industrie pharmaceutique connaît de nombreuses restrictions réglementaires et législatives.
- Il existe aussi une culture croissante de contentieux dans de nombreux pays.
- L'évolution d'internet étend également les limites législatives avec des patients qui sont de plus en plus exigeants quant à leurs droits dans leurs programmes de soins de santé.

Les informations présentées ci-dessus n'illustrent qu'une fraction des facteurs du macro-environnement probablement impliqués dans l'industrie pharmaceutique. Elles sont résumées dans le tableau ci-après :

---

[30] Source : Site officiel de la Chambre de Commerce et d'Industrie de l'Algérie (www.caci.dz)

Tableau récapitulatif PESTEL

Résultats	Impact sur les entreprises
Politique	
Attention politique et pression sur les soins de santé Gouvernements du monde à la recherche d'économies en soins de santé Harmonisation des soins de santé à travers l'Algérie et le Maghreb	Plus de pression sur les prix Prix de référence
Économique	
Crise économique mondiale Réduction du revenu disponible individuel Nombre croissant de groupes d'achat qui exercent une pression sur les prix Réduction de la croissance pharmaceutique	Réticence des consommateurs à dépenser pour les soins de santé Encore une fois, pression accrue sur les prix, mais le marché est susceptible d'augmenter en raison du vieillissement de la population Nécessité d'introduire des processus à valeur ajoutée Augmentation de la pression des actionnaires
Social / Culturel	
Sensibilisation des patients, évolution des attentes Activisme des patients/du public en augmentation (par exemple, exploitation des nouvelles technologies, des réseaux sociaux) Vieillissement de la population Augmentation de la mauvaise alimentation	Plus de pression sur le service client, besoin accru pour l'éducation, plus grande transparence des prix Qualité de la collecte des renseignements Marché susceptible de se développer avec l'augmentation de la santé spécifique
Technologique	
Développement des nouvelles technologies de l'information et de la communication, réseaux sociaux Traitements personnalisés Publicité directe aux patients	Les nouvelles possibilités numériques créent de nouveaux modèles Communication directe avec les patients Installation de services plus réactifs

Environnemental	
Développement de l'intérêt pour la protection de l'environnement, sensibilisation communautaire	Identifier les opportunités sur le marché écologique
Légal	
Modification des lois Litiges en augmentation Inconstance mondiale	Nécessité de se concentrer sur l'éducation Importance des normes de qualité Incapacité à rationaliser (les marchés américains et européens nécessitent des formules différentes par rapport à l'Algérie)

6.3 - Le diagnostic interne :

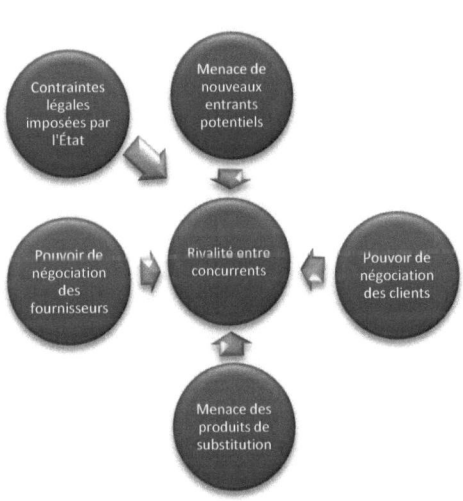

Cette figure « les 5 + 1 Forces de Porter » indique que le succès d'une entreprise repose sur la maîtrise de différents éléments. Ainsi, il faut non seulement acquérir une clientèle élargie et fidèle, mais il faut aussi savoir négocier avec les fournisseurs pour obtenir les meilleurs prix d'achat et être compétitif face aux divers concurrents, qu'ils soient directs ou indirects.

Pour analyser ces aspects, une enquête a été réalisée auprès de plusieurs laboratoires pharmaceutiques. L'objectif est de détecter leur intensité concurrentielle en utilisant les 5 (+1) forces de Porter. La principale difficulté rencontrée dans le cadre de cette enquête a été la réticence de la plupart des laboratoires à répondre aux questions. En effet, ils considéraient que celles-ci touchaient à l'aspect stratégique et confidentiel de leur firme. De ce fait, ils ont tenu à garder l'anonymat.

La bonne connaissance de la concurrence ne remplace certes pas l'évaluation des ressources internes, de leurs compétences technologiques et organisationnelles, de leurs capacités d'innovation et d'initiative. Cependant, identifier les nouvelles technologies, les nouveaux entrants, les nouvelles réglementations, les comportements des fournisseurs, les réseaux de distribution et les clients essentiels constitue un bon guide pour de futurs projets.

6.3.1 - Pouvoir de négociation des clients

Les représentants des entreprises du secteur de l'industrie pharmaceutique estiment bénéficier d'une large clientèle. Les grossistes en produits pharmaceutiques agréés sont au nombre de 469. Les ⅔ de ces grossistes sont localisés à Alger, Constantine et Oran.

Une soixantaine de producteurs de médicaments, une vingtaine de conditionneurs et 600 distributeurs composent le marché du médicament en Algérie. La production actuelle est composée à 80 % de génériques, ce qui met le pouvoir de négociation des clients en position assez faible. Par contre, le pouvoir de négociation des prescripteurs médecins est assez fort.

Concernant les grossistes pharmaceutiques et les pharmaciens en officine, le pouvoir de négociation est d'une intensité assez moyenne. Il y a quelque temps, il était faible suivant le degré de concurrence directe et indirecte et de sa diversité.

6.3.2 - Pouvoir de négociation des fournisseurs

Le pouvoir de négociation des fournisseurs est faible. La raison réside dans l'existence d'un bon nombre de fournisseurs de matières premières. De ce fait, la concurrence est très forte ; il faut un bon rapport qualité prix pour pouvoir négocier.

6.3.3 - La menace des produits de substitution

Avec l'arrivée du médicament générique et son introduction dans la loi en tant que produit de substitution, on ne parle plus maintenant de marché du médicament monopolistique. On parle plutôt d'un marché du médicament concurrentiel. La menace touche alors les 2 paliers, c'est-à-dire les princeps et les génériques. L'intensité est donc moyenne, mais dans le long terme, elle deviendra assez forte.

6.3.4 - La menace des nouveaux entrants

La réglementation algérienne se développe, change et, surtout, devient plus exigeante envers les nouveaux entrants, entre autres, en matière de coût. L'objectif est de favoriser la production locale, d'éviter d'importer les produits qui existent déjà en Algérie, que ce soit en générique ou en princeps. 63 % des interviewés considèrent que la menace des nouveaux entrants est d'une intensité moyenne. Dans le moyen-long terme, celle-ci sera sûrement d'une intensité forte à cause des barrières importantes à l'entrée.

6.3.5 - L'intensité concurrentielle

La concurrence dans le secteur pharmaceutique est forte. Par rapport aux années 2000, de nombreuses firmes internationales se sont implantées en Algérie, que ce soit dans le domaine des produits génériques ou bien dans celui des princeps ; la concurrence est donc accentuée, sauf pour certains laboratoires qui sont plus au moins tranquilles sur ce point : citons, entre autres, la firme étatique qui est protégée par celui-ci. Pour exister, il faut savoir se distinguer et se différencier de la concurrence.

6.3.6 - L'intervention de l'État

L'intervention de l'État dans le secteur pharmaceutique est majoritairement favorable dans le sens ou l'État tient à ce que les médicaments soient de qualité, et ce, dans un souci de bien-être et de sécurité des patients. L'État favorise également les génériques aux princeps puisqu'il existe une grande différence de prix entre eux. Cette différence vient du fait que la partie recherche et développement liée aux princeps nécessite un budget assez conséquent, ce qui représente une menace pour les nouveaux produits (molécule mère).

Les 5(+1) forces concurrentielles du secteur de l'industrie pharmaceutique en Algérie[31] peuvent être résumées de la façon suivante :

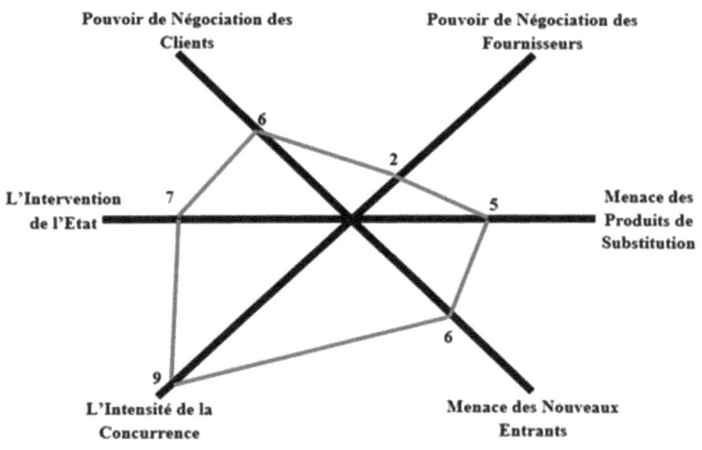

---

[31] Source : L.Arezki, Projet de création d'une représentation pharmaceutique en Algérie, Thèse MBA, 2012

En conclusion, le potentiel existe, l'outil est opérationnel, mais sous-employé, les conditions d'accès sont favorables pour peu que les conditions légales et réglementaires soient adaptées.

6.4 - Entrevue auprès des responsables et experts du secteur pharmaceutique

Pour cette enquête menée auprès des dirigeants de firmes pharmaceutiques, la méthode des entretiens en face-à-face a été choisie. Ces entretiens ont été analysés pour chacun des deux axes retenus : entreprises pharmaceutiques algériennes (locales) et industries pharmaceutiques étrangères implantées en Algérie.

Les responsables et experts du secteur pharmaceutique ont été questionnés sur les aspects suivants :

- Le secteur de l'industrie pharmaceutique algérien, est-il une bonne opportunité ?
- Quelles sont les stratégies pour les entreprises étrangères désireuses d'entrer sur le marché de l'industrie pharmaceutique algérienne ?
- Quels dangers existent pour les firmes locales ?

6.4.1. - Axe 1 : Les Industries pharmaceutiques algériennes (locales)

Actuellement, une vingtaine d'industries pharmaceutiques locales sont implantées et se positionnent sur le marché algérien. Le tableau ci-dessous relate principalement les points d'ancrage qui font la différence dans les stratégies d'implantation de 3 grandes firmes locales : Pharmalliance, Biopharm et Somedial[32].

---

[32] Source : données pharmalliance 2014 (www.pharmalliance.dz)/ données somedial 2014 (www.somedial.com) / données biopharm 2014 (www.biopharmdz.com).

Entités	Activités	Stratégie	Classe thérapeutique des produits commercialisés	Stratégie promotionnelle	Cible	R&D	Distribution	Production annuelle
Pharmalliance	Laboratoire pharmaceutique	Produits fabriqués localement et respectant l'environnement	Diabétologie Cardiologie Gastroentérologie Allergologie AINS1 SNC2 OTC3 Antibiothérapie Antifongique Analgique Rhumatologie Oncologie	Délégué médical Délégués commerciaux pour la présentation Site Web	Le personnel médical Grossistes et pharmaciens les internautes	Production sous forme de comprimés, gélules, Suppositoire, Liquides, gel	Distribution nationale au niveau des grossistes et pharmaciens	Sirops et suspension : 10 M flacons/an ; 70 M suppositoires/an 100 millions de gélules/an 320 millions de comprimés/an
Somedial	Fabrication de produits pharmaceutiques	Rigueur et excellence technique suivant la charte de qualité	Anti-infectieux, Antalgiques et anti-inflammatoires, Antitussifs Neuropsychiatrie Hormonologie Diabétologie Cardiovasculaire Hypolipémiants Gastroentérologie Urologie	Flexibilité de l'offre, proximité géographique, dialogue avec les acteurs de la santé	Grossistes et acteurs de la santé	Contrôle microbiologique ; Contrôle matières premières ; Contrôle microbiologique des fluides ; Contrôle de l'environnement ; Contrôle microbiologique des produits finis ; Contrôle de la stabilité du produit.	Distribution nationale, grossiste et acteurs de santé	Produits hormonaux : 4 M unités/an ; Sirops et solutions buvables : 6 M flacons/an ; Gélules et comprimés : 8 M boites/an
Biopharm	Laboratoire pharmaceutique	Engagement dans la vie économique de l'Algérie	Douleur Cardiologie Pneumo-allergologie Gastro-enterologie Infectieux Dermatologie neuropsychiatrie	Offre de gamme de produits diversifiée	Professionnel de la santé, pharmacie	Médicament générique de qualité	Implantation géographique de proximité, Vente en gros aux pharmacies	8 M de suppositoires/an ; 9 M d'unité sur les formes liquides/an ; 2,5 M d'unité de crèmes et gels/an ; 3 M de gélules/an ; 5 M de poudres/an

Tableau : Résultat enquête sur 3 grandes nouvelles industries locales en Algérie

Le secteur de l'industrie pharmaceutique algérien : une bonne opportunité ?

« On va clôturer avec 11 milliards de dinars de chiffre d'affaires pour l'année 2015. ».
« Nous avons un marché qui évolue entre 5 et 8 % annuellement, donc l'entreprise fait à peu près les mêmes évolutions que le marché. ».
« […] en bonne situation. En croissance oui. ».
« elle croit en double digit chaque année, au moins. ».
« Nous sommes une start-up […] nous avons fait tout simplement une croissance de 45 %, par rapport à l'an passé, ce qui importe c'est de croître c'est le maître mot de notre société »
« on est très à l'aise financièrement… »
« une très bonne croissance »

L'ensemble des dirigeants interviewés affirme que le marché algérien présente de bonnes opportunités d'affaires pour les entreprises du secteur pharmaceutique. Pratiquement toutes les entreprises questionnées réalisent des bénéfices plus ou moins importants. Cela se reflète également par le fait que toutes ces firmes connaissent une hausse sensible de leur chiffre d'affaires.

Stratégie pour les entreprises désireuses d'entrer dans le marché de l'industrie pharmaceutique algérien ?

« Stratégie prix c'est normal, de toute façon les génériqueurs contrairement aux multinationales, ils sont tous logés à la même enseigne. Tarif de référence on essaye d'être tous au même tarif, et se démarquer autrement que par ses prix. Effectivement c'est aussi développer des nouveaux produits. »

> « …priorité à la production locale mais aussi aux génériques et de surtout baisser l'importation »

> « Premièrement la recherche et développement […]. Deuxièmement […] un axe la recherche fondamentale […] Mais aussi une stratégie pour développer des produits en dehors du centre de recherche et développement à travers l'acquisition de dossiers, le travail, la fabrication sous licence lorsqu'il s'agit de produits intéressants, complexes, sur le plan technologique. »

> « Nous essayons d'élargir nos gammes de produits, mais en même temps prendre des risques, on essaie de prendre le moins possible de risques, mais disons…nous essayons aussi de diversifier notre offre pour prendre des parts de marchés dans des secteurs. »

> « …on essaye d'avoir la plus large gamme et depuis 1an-1an ½ nous allons dans les produits innovants »

Les entreprises pharmaceutiques interrogées envisagent des stratégies commerciales diverses. Certaines d'entre elles préfèrent miser sur des prix compétitifs, d'autres optent pour la diversification du portefeuille de produits qu'elles fabriquent tandis que les dernières envisagent plutôt l'amélioration de la qualité de leurs produits.

Quels dangers pour les firmes locales ?

> « Absolument, loyale (concurrence pure et parfaite). Maintenant il y a beaucoup de concurrence aussi qu'on va appeler aussi déloyale, mais la nôtre reste une société et une compagnie éthique qui veut plus se rapprocher d'une multinationale qu'une industrie locale. Elle peut vraiment plus se rapprocher de la multi que de la locale avec tout ce qui va avec. »

> « Il y a de la place pour tout le monde. Pour moi les sociétés étrangères il y a beaucoup à apprendre d'elles, en termes d'expertises, etc. Et vice versa. »

« Je dirai plutôt… il y a de la place pour tout le monde »
« Par rapport à la concurrence, c'est le marché qui décide c'est sur le terrain que nous nous battons c'est de bonne guerre… surtout faire de l'économie ; toujours créer la concurrence pour générer de l'économie à notre pays »
« D'autres entreprises seront bénéfique pour le marché Algérien, de bon labo avec de bon produit sont les bienvenus »
« On est sur le même pieds d'égalité que nos concurrents privés et étrangers. Il n'y a pas de lobbying, le domaine du pharmaceutique en Algérie est structuré. »
« on est sur le même marché, qu'ils soient les bienvenus. »
« Il y a eu un grand virage ces deux dernières années, puisqu'à l'occasion de la crise économique qui s'est installée dans notre pays, dû aux baisses de nos entrées suite aux chutes du pétrole... Le ministère de la Santé essaie de baisser les prix au plus bas, ce qui dans l'absolu est légitime, mais aussi très mauvais pour l'industrie pharmaceutique à terme. Et nous pensons qu'un secteur aussi dynamique que celui de la pharmacie, de l'industrie pharmaceutique, qui a connu seulement le ministère de l'Industrie ; seulement 17 % de croissance chaque année sur les 8 dernières années, a besoin justement d'être renforcé, parce que c'est à notre connaissance le seul secteur où on est arrivé à couvrir 43 % de leurs besoins. C'est le seul secteur où une boîte sur deux de médicaments consommés est fabriquée en Algérie. »

Pour ces firmes, les risques pour les entreprises qui désirent entrer sur le marché algérien sont principalement liés à la réglementation et aux lois internes. Par contre, le marché jouit d'un climat de concurrence pure et parfaite. Il est bien structuré et ne se caractérise pas par la présence de lobbying ou de monopoles susceptibles de le manipuler ou d'agir sur les prix.

6.4.2 - Axe 2 : Les industries pharmaceutiques étrangères implantées en Algérie

À côté des entreprises locales, les industries internationales sont également présentes en Algérie. Elles sont considérées comme des pionnières de l'investissement local et apportent leurs produits pharmaceutiques pour la population locale. L'implantation de ces firmes étrangères est ainsi une aubaine pour l'économie locale, car elles contribuent considérablement au PIB national. Le tableau suivant montre les apports financiers de ces entités[33].

Firmes pharmaceutiques	Pays d'origine	Part d'investissement	Investissement annuel en millions de dollars
Sanofi-Aventis	France	24 %	320
Hikma pharma	Jordanie	12 %	164,863
Saïdal	Algérie	11 %	149,487
Glaxo Smith Kline	Angleterre	10 %	141,958

Tableau : Résultats des enquêtes sur les apports en investissements des grandes firmes étrangères

---

[33] Source : rapport sectoriel n°1, l'industrie pharmaceutique, états des lieux, enjeux et tendances lourdes, dans le monde et en Algérie, p. 23.

Le secteur de l'industrie pharmaceutique algérien : une bonne opportunité ?

« L'entreprise réalise des bénéfices, ça c'est certain ! ».
« L'exemption de l'impôt sur les sociétés ou le droit de bénéficier de l'exemption sur la TVA et les droits de douane sur le matériel importé »
« Marché très intéressant, c'est pratiquement le premier marché africain, c'est un Marché structuré »
« Mais malheureusement, dans certains cas, le ministère de la santé nous demande de baisser le prix au-dessous du tarif de référence, ce qui est une aberration. »
« C'est l'une des rares activités où l'Algérie capte en production locale 42 %. Il n'y a aucune autre activité en Algérie qui est arrivée à avoir cette part de marché. Et on a eu cette part de marché dans un environnement néfaste – je ne parle pas de l'environnement financier, foncier, etc. C'est-à-dire, dire qu'on est aujourd'hui à 77 producteurs et qu'on capte à peu près presque 1,2 milliard de dollars de chiffre d'affaires, C'est-à-dire, dire à quelqu'un qu'on a 77 usines mais je ne trouve pas de pharmaciens formés en Algérie en pharmacie industrielle, il ne va pas croire. Et pourtant, on est en train de le vivre. »
« Aujourd'hui, par exemple, tout ce qui est investissement – je ne sais pas si vous le savez, on est exonéré de tout mais bizarrement, tout ce qui est matériel informatique, ce n'est pas le cas »
« Et donc c'est tout récent qu'on est sur la région du middle East Afrique, et avec cette région on enregistre une croissance à deux voire trois chiffres. »
« Donc sur l'Algérie, on est déjà présent par des études cliniques internationales sur deux segments principaux, sur l'urologie et l'oncologie. »
« C'est vrai que le marché Algérien intéresse, je dirais, tous les laboratoires pharmaceutiques internationaux, je dirais même il les rend par moments fous, parce qu'il y a une évolution incroyable en termes de dépenses de santé. »

« Vous pensez bien que si on a décidé d'investir, c'est que la situation économique est favorable. On a une croissance qui est positive depuis de nombreuses années. »
« Nous avons toutes les bonnes raisons, on va dire, pour envisager notre présence sur le long terme en Algérie »
«Nous sommes en croissance aujourd'hui... Donc nous avons une évolution économique très attractive pour les investisseurs. »
« Notre entreprise en Afrique du Nord est en croissance avec un taux de croissance de 15 à 20 %. »
« Donc on va dire qu'on représentait en 2012 une portion vraiment infime du chiffre d'affaires de la société, mais on est en train de croitre de manière significative puisqu'ailleurs ils ont atteint un plateau alors que nous, nous sommes toujours en croissance. »
« Oui, en fait on croit un peu plus sur le marché. On fait à peu près, 7 ou 8 % de plus par an. »
« En fait on a pratiquement tous les produits du groupe sont déjà enregistrés en Algérie. Donc en fait la stratégie c'est plutôt renforcer notre présence en investissant localement et en réalisant de la production locale en Algérie. »
« En Algérie nous avons démarré les opérations les années 2000. Et aujourd'hui dans les spécialités dans lesquelles nous opérons, nous sommes leader. »
« l'Algérie est considéré comme un pays stratégique pour notre entreprise. »
« C'est actuellement en train de devenir le premier marché africain. »

D'après la majorité des personnes interviewées, le marché algérien présente de bonnes opportunités d'affaires pour les entreprises du secteur pharmaceutique. Les résultats de ces firmes affichent des gains considérables. En outre, elles bénéficient de plusieurs subventions de l'État telles que l'exonération d'impôts sur le matériel importé ou de la TVA. Seule l'une des personnes interviewées a mentionné le contraire, et ce, par rapport aux subventions qui ne concernent pas le matériel informatique importé.

Stratégie pour les entreprises désireuses d'entrer dans le marché de l'industrie pharmaceutique algérien ?

« Si on veut se développer et garder cette croissance, uniquement de ses propres produits ; il faut avoir des produits sous licence. »
« Arrêtons de faire tous les mêmes produits et essayons de nous concentrer sur d'autres produits peut-être pas très bien classés sur le plan IMS – ce qu'on appelle des produits de niche – mais qui ont une certaine valeur ajoutée. »
« C'est de mettre en place des partenariats avec les autorités de santé et notamment avec les payeurs. »
« Investir dans la qualité, de ne pas hésiter à tisser des partenariats avec d'autres sociétés qui ont déjà pignon sur rue dans d'autres marchés, et qui permettent donc de partager le savoir-faire. »
« La stratégie, c'est d'avoir des nouveaux produits... l'évolution technologique, scientifique des médicaments... continuer d'investir quand il faut pour renforcer notre position... »
« Si on veut continuer à se développer en Algérie, il faut accepter les lois algériennes, déjà c'est un principe. On l'accepte on reste. Si on n'est pas d'accord, on dit OK on arrête. Et puis ça s'arrête là. »
« Améliorer les diagnostics et donc permettre à de plus en plus de gens d'être diagnostiqué dans les temps et à être pris en charge. »
« Il faut s'adapter. Ceux qui ne s'adaptent pas n'auront plus leur présence en Algérie. »
« Je pense que si on s'adapte et on suit ce que demande l'État, on va survivre, sinon ce n'est pas la peine de continuer. »
« Nous devons absolument améliorer l'école des silences, le savoir-faire et le comportement aussi »
« Il faut passer nécessairement par les gens qui sont en contact avec les patients, c'est-à-dire les autorités de santé. C'est à eux de traduire en orientant ce qu'eux voient et détectent sur le terrain. »

> « Répondre aux besoins exprimés évidemment par la population algérienne à travers le ministère de la Santé et donc de nous aligner à la stratégie de santé publique et à la stratégie des investissements de la santé algérienne. »
>
> « Il y a toujours le souci de deux points : améliorer la qualité donc principalement parce que si on parle de générique, il faut de la bioéquivalence, c'est très important, et bien sûr le respect du droit international, le respect des brevets, donc il faut voilà se pencher sur ses deux points pour moi importants. »

Les entreprises du secteur pharmaceutique algérien optent pour diverses stratégies commerciales. Les unes préfèrent miser sur des produits avec des prix compétitifs, d'autres essayent de se rapprocher des patients pour comprendre leurs besoins. Les dernières envisagent la stratégie d'acquisition de start-up innovantes et l'investissement dans la recherche et le développement.

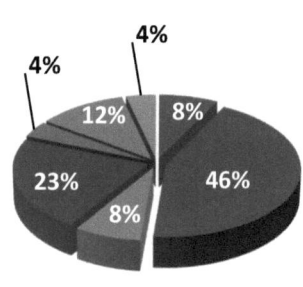

Avantages compétitifs

- Prix compétitifs
- Qualité
- Ancienneté
- Innovation
- Technologie
- Savoir-faire
- Personnel

Face à une concurrence bien présente, les sociétés doivent améliorer en permanence leurs services et la qualité de leurs produits et ainsi procurer des avantages compétitifs.

Ainsi, 46 % des sociétés préfèrent améliorer la qualité de leurs produits, 23 % s'intéressent à l'innovation, 12 % améliorent leur savoir-faire, 8 % offrent un prix compétitif aux clients, 8 % se basent sur leur ancienneté pour attirer le plus grand nombre de clients, 4 % s'intéressent au personnel et à la promotion de leurs ressources humaines et, enfin, 4 % adaptent des technologies avancées.

Quels dangers pour les firmes locales ?

« Le risque est toujours lié à une réglementation »
« Le premier risque, c'est que si l'Algérie demain décide : aucun produit n'est interdit. S'ils le font demain, honnêtement, je pense qu'on va régresser parce qu'aujourd'hui on capte des parts de marché parce que le produit est interdit parce qu'en dehors de ça, qu'est-ce qui peut être le paramètre de non-accès à un produit ? »
« Si demain la loi de finance change, quand nos multinationales peuvent détenir 100 % des sociétés algériennes. Imaginez que ces sociétés algériennes qui existent aujourd'hui se disent : « Si c'est comme ça, je veux vendre toute ma société à une multinationale. » Donc, l'industrie pharmaceutique qui est aujourd'hui nationale deviendra nationale mais détenue par des internationaux. »
« Le plus important risque pour nous en Algérie se situe dans le fait que le marché algérien est très imprévisible. »
« Nous avons besoin de prévoir trois ans à l'avance que telle quantité doit être disponible en Algérie pour couvrir tant de patients, et tant de maladies. »
« Le risque numéro 1 c'est le risque réglementaire. Tous les jours de nouvelles lois peuvent survenir. »
« Nous voyons énormément de risques financiers relatifs au paiement et bien sûr nous pouvons avoir un certain nombre de pays ou pas assez conséquent dans le pays. »
« l'Algérie vit aujourd'hui une situation financière un petit peu difficile, parce que l'économie algérienne est liée principalement à une exportation des hydrocarbures. »
« En limitant la facture de l'importation du médicament, bien sûr le ministère de la santé et le gouvernement essayent de réduire et la quantité et les prix, ce qui nous met nous en tant que Laboratoire pharmaceutique en difficulté. »

Les personnes interrogées affirment que les entreprises qui souhaitent s'introduire sur le marché algérien ne prennent pas de grands risques, à l'exception des risques liés à la réglementation interne (apparition en continu de lois dans le secteur). Le marché se caractérise par sa transparence au niveau des prix et garantit une compétitivité loyale entre ses différents acteurs.

6.4.3 Axe 3 Enquêtes auprès des industries pharmaceutiques qui ne s'intéressent pas à l'Algérie

Même si la filière pharmaceutique en Algérie présente un marché juteux, certaines firmes ne s'y intéressent pas pour les raisons suivantes :

- Faible transparence du marché et manque de stratégie à long terme : selon la loi de finance de 2009, la loi doit détenir 51 % de tout investissement étranger, qui freine les industries pharmaceutiques
- Faiblesse de la prise d'engagement local et du système bancaire, ce qui entraîne une latence considérable dans la procédure d'installation.
- Manque de volonté dans la collaboration sur le plan technique.
- Instabilité politique.
- Manque de communication, ce qui génère un décalage entre l'offre et la demande.
- Importation florissante qui constitue une meilleure opportunité que le fait de s'implanter.
- Présence de nombreuses grandes firmes internationales et multinationales.
- Absence de termes légaux concernant les recherches cliniques, surtout pour les médicaments génériques.

VII - Stratégie d'implantation des firmes pharmaceutiques étrangères en Algérie

7.1 - Processus marketing pour l'implantation sur le marché pharmaceutique algérien

7.1.1 - Choix du marché-cible et segmentation du marché suivant la grille produit-marché

Le client final

Le marché algérien a tendance à se focaliser sur une implantation des systèmes de partenariats avec les grandes firmes multinationales. Mais, comme le montre la répartition des dépenses sur les figures ci-dessous, le manque de sensibilisation et d'animation au niveau des ménages limite leurs dépenses sur les produits pharmaceutiques et la santé :

Répartition des dépenses en milieu rural[34]

Désignation	Valeur en milliards de dinars
Alimentation et boisson	594,3
Logement et charges	211,7
Transport et télécommunications	173,2
Habillement et chaussures	101,6
Autres	97,5
Santé et hygiène corporelle	55,9
Meubles et articles ménagers	32,1
Éducation et loisirs	29,1
Total	1295,4

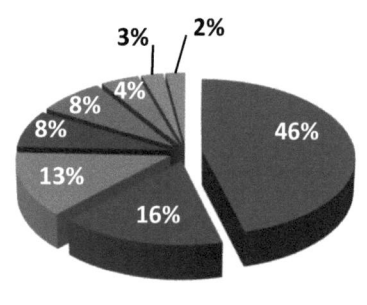

- Alimentation et boissons
- Logement et charges
- Transport et télécommunications
- Habillement et chaussures
- Autres
- Santé et hygiène corporelle
- Meubles et articles ménagers
- Education et loisirs

[34] Source : ONS Algérie, Premiers résultats de l'Enquête Nationale sur les Dépenses de consommation et le Niveau de Vie des Ménages 2011

Répartition des dépenses en milieu urbain[35]

Désignation	Valeur en milliards de dinars
Alimentation et boisson	1 281,1
Logement et charges	703,9
Transport et télécommunications	366,8
Habillement et chaussures	261,9
Autres	218,5
Santé et hygiène corporelle	158,2
Meubles et articles ménagers	113,6
Éducation et loisirs	90,1
Total	3194,1

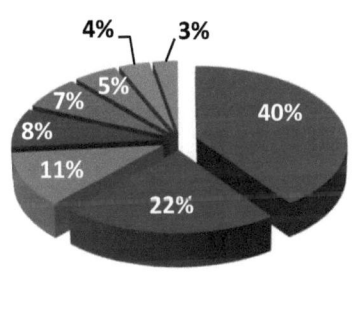

- Alimentation et boisson
- Logement et charges
- Transport et télécommunications
- Habillement et chaussures
- Autres
- Santé et hygiène corporelle
- Meubles et articles ménagers
- Education et loisirs

---

[35] Source : ONS Algérie, Premiers résultats de l'Enquête Nationale sur les Dépenses de consommation et le Niveau de Vie des Ménages 2011

Que ce soit en milieu rural ou en milieu urbain, la santé et l'hygiène corporelle ne se trouvent qu'à la sixième place de la priorité des ménages en matière de dépenses.

Dans ce cadre, pour bien segmenter le marché pharmaceutique algérien, il est essentiel de connaître le classement des principales maladies qui sévissent au sein de la population. Par ailleurs, il faut également savoir quels sont les différents acteurs entrant dans la chaîne de distribution afin de délimiter les produits favorables pour le marché, les cibles optimales ainsi que la chaîne de distribution.

Ainsi, le choix du marché cible devra se faire en analysant les opportunités offertes par ce dernier, tout en considérant la priorisation marquée par la motivation des clients finaux et représentée dans les deux graphiques ci-dessus.

Les bases des motivations de cette première catégorie de population cible sont notamment :

- Le prix.
- L'idée perçue sur les produits : plus le médicament est cher, plus il est efficace.
- La possibilité de remboursement par le CNAS.
- La disponibilité des produits génériques.
- La disponibilité des produits.
- L'efficacité des produits.
- La proximité des agents de santé qui animent et sensibilisent sur le produit.

Aussi, sur cette base, nous allons nous focaliser sur la mise en place d'une grille produit/marché tout en considérant les types de produits recherchés et le milieu afin de trouver et de mettre en place une spécialisation spécifique.

Ainsi, afin d'optimiser les résultats, la stratégie de pénétration du marché pharmaceutique en Algérie est plus favorable si le choix se porte sur une spécialisation par marché. Cela signifie que suivant le segment de consommateur final et son milieu, l'offre en sera adaptée comme indiqué par la figure ci-après :

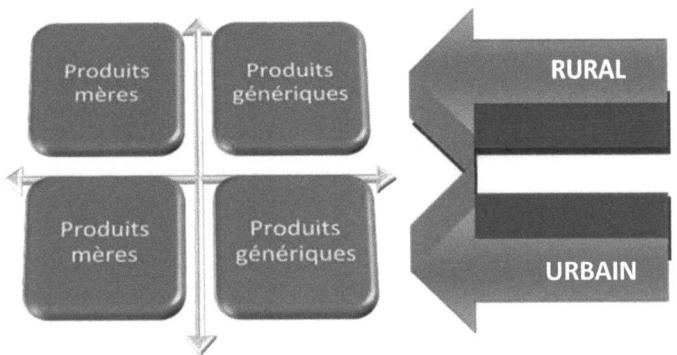

Couverture du marché pour la population de base

Une deuxième catégorie de cible est focalisée sur le maillon de la distribution qui présente les caractéristiques suivantes :

- Les grossistes importateurs s'assurent de l'étude des produits nécessaires pour la population de base, mais sont victimes d'un manque de régulation d'activité. Ils approvisionnent les distributeurs en gros. Actuellement, le nombre de ces importateurs est de 133[36].

- Les distributeurs en gros s'assurent de la distribution au niveau des officines et des pharmacies et parapharmacies ainsi que des institutions de santé. Leur contrainte est la fluctuation de l'approvisionnement qui dépend des grossistes importateurs. Les grossistes en produits pharmaceutiques sont actuellement au nombre de 95[37].

---

[36] Source : Mdipi.gov.dz, rapport sectoriel industrie pharmaceutique, p. 23
[37] Source : Mdipi.gov.dz, rapport sectoriel industrie pharmaceutique, p. 23

- Les distributeurs en détail approvisionnent la cible de base suivant la disponibilité des produits. Les détaillants pharmacies sont au nombre de 9 000[38].

Aussi, la stratégie de couverture du marché est de répondre aux attentes de ces distributeurs en leur offrant des produits locaux qui répondent aux besoins des consommateurs finaux.

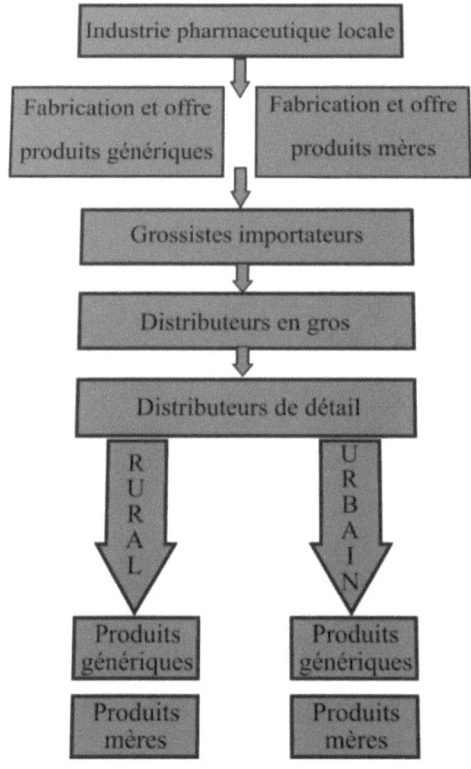

Couverture du marché

---

[38] Source : Mdipi.gov.dz, rapport sectoriel industrie pharmaceutique, p. 23

7.1.2 - Le cadre concurrentiel et le positionnement

À cet effet, pour atteindre ces cibles et se positionner sur le marché, il faut prendre en considération la présence des 326 laboratoires locaux, des 55 producteurs ainsi que des 133 importateurs qui constituent la concurrence d'une firme locale.

Suivant l'offre des concurrents et la position des firmes internationales qui pèsent 3 milliards de dollars de chiffre d'affaires en 2013, ainsi, que la part de marché à l'importation qui est de 70 %.

Par ailleurs, pour se positionner dans ce secteur en pleine croissance, l'option de la stratégie du challenger s'avère être opportune. En outre, trois options peuvent être optimisées afin de pénétrer efficacement le marché pharmaceutique de l'Algérie :

Option d'attaque frontale :

Face aux concurrents à l'importation et à la production de produits mère et génériques locaux, il faut utiliser à bon escient la loi existante avec l'exonération de la TVA, l'interdiction d'importation des types de médicaments produits localement et l'exploitation de la flore locale. Ainsi, les stratégies suivantes sont à favoriser :

- Baisse de prix et positionnement à armes égales avec les firmes existantes.
- Optimisation de la stratégie de communication afin de convaincre les clients finaux et les détaillants sur l'efficacité et la qualité du produit.
- Positionnement sur un produit de référence qui peut assurer le prestige en optimisant la recherche et le développement
- Stratégie d'innovation en présentant les mêmes produits que ceux importés, mais à moindre coût et avec la même efficacité.

Option de grignotage :

Pour se positionner et acquérir une part de marché, il faudra que la firme grignote cette part en optimisant sa stratégie à travers :

- L'innovation dans la distribution et l'investissement dans la publicité. Le marché algérien est en manque de visibilité et de communication produit au niveau des consommateurs. La stratégie de sensibilisation de proximité est ainsi à renforcer pour bien faire connaître le produit.
- Le positionnement sur des produits en milieu de gamme avec des produits génériques.

7.1.3 - Le concept produit

Avec ces stratégies d'acquisition de parts de marché et selon les besoins de la population, mais également pour acquérir une part de marché mondial, les produits doivent suivre les tendances mondiales et locales. Ainsi, les produits suivants devront faire l'objet d'une politique de recherche & de développement :

- Les antibactériens et les antipaludéens en axant la recherche sur la résistance aux médicaments,
- La recherche sur les vaccins prévenant les pandémies de grippe,
- Les catégories de produits de prévention cardiovasculaire,
- Les catégories de produits de prévention du diabète,
- Les médicaments contre le cancer,
- Les médicaments contre le SIDA,
- Les médicaments contre la tuberculose,
- Les médicaments contre la malaria qui résiste de plus en plus aux produits existants,

- Les médicaments pour la maladie d'Alzheimer qui touche 10 % de la population de plus de 65 ans,
- Les médicaments pour les problèmes ostéo-articulaires,
- Les médicaments pour les problèmes pulmonaires,
- Les médicaments antidépresseurs.

Pour chacune des catégories, il faudra également prévoir différents types et formes pour que ces médicaments s'adaptent :

- Aux enfants,
- Aux personnes âgées,
- Aux femmes enceintes ou allaitantes.

Les produits devront également se présenter sous diverses formes, à savoir :

- Gélules,
- Comprimés,
- Sirops,
- Injectables,
- Poudres,
- Gels.

Par ailleurs, la forme générique des médicaments devra aussi être optimisée suivant les besoins de la population locale, notamment les problèmes cardio-vasculaires qui représentent la première maladie causant la mortalité chez les Algériens[39].

7.1.4 - La distribution

Dans le circuit de distribution, 4 flux doivent être mis en avant pour optimiser la couverture du marché :

---

[39] Source : Algerie-focus, quelle est la première cause de mortalité en Algérie ?, la rédaction, décembre 2013.

- Flux de marchandise :

La production et la fabrication de produits se feront localement. Le premier maillon de distribution se fera par le concours des grossistes, passera par les distributeurs en gros, les distributeurs en détail (pharmacies, parapharmacies, hôpitaux, institutions de santé) avant d'arriver aux consommateurs finaux.

- Flux de propriété :

Ce flux considérera le processus de transmission juridique avec la contractualisation avec les grossistes importateurs afin de les aligner pour la distribution des produits fabriqués par la firme. Il passera également par les distributeurs en gros et la contractualisation pour les offres d'exclusivité de marque, qui concernera également les distributeurs de détails.

- Flux promotionnel :

Dans la promotion, l'information devra être optimisée afin de favoriser la mise en connaissance du produit. La firme passera ainsi par le déploiement de délégués de santé pour faire connaître le produit au niveau des acteurs locaux de la santé. Des animateurs de santé permettront également de sensibiliser les consommateurs finaux et de donner de la visibilité sur le produit.

Pour la promotion, les réseaux d'influence seront à optimiser : par exemple, la publicité, la force de vente comme les diverses stratégies commerciales, la promotion des ventes qui sera utilisée pour les maillons de la distribution dans le flux de marchandises ainsi que les relations publiques au travers des actions de proximité des animateurs de santé.

Toutefois, dans cette stratégie, il est important que la firme sache qu'elle doit assurer la promotion de son nom, de sa marque, des noms de ses produits, et ce, au niveau de chaque maillon de la chaîne et auprès du client final.

Synthèse et analyse des résultats (environnement, FFOM)

- Démographie :

Aujourd'hui, l'Algérie concentre une population de 41,3 personnes (janvier 2017), avec une espérance de vie en nette amélioration qui s'élève à 77 ans. Le taux d'accroissement de la population algérienne est de l'ordre de 2.07 %[40]. Depuis quelques années, la démographie de l'Algérie se caractérise par une régression de la natalité et du nombre de décès avec 963 000 naissances et 168 000 décès en 2013[41].

- PIB :

Le PIB, ou produit intérieur brut, s'élevait en 2016 à 3 843,75 USD par habitant[42].

- Filière pharmaceutique :

La filière pharmaceutique est en pleine expansion. Elle représente un véritable fleuron de la zone maghrébine et son principal objectif est de favoriser l'implantation locale de firmes étrangères pour développer les apports d'investissement et optimiser la production locale. La croissance de cette filière se fait ainsi ressentir progressivement, mais sûrement et à vitesse constante.

Cependant, avant de s'implanter sur le marché pharmaceutique algérien, il est essentiel d'en connaître les caractéristiques en réalisant des analyses sur les forces, les opportunités, les faiblesses ainsi que les menaces qu'il pourrait cacher.

---

[40] ONS, démographie algérienne 2017.
[41] ONS, démographie algérienne 2013.
[42] Source : Banque mondiale

Tableau : Analyse du marché sur les forces, faiblesses, opportunités et menaces

Force	Opportunité	Faiblesse	Menace
Consommation de produits pharmaceutiques en hausse	Population de 41.3 millions d'habitants en janvier 2017	Part de marché à l'importation = 70 %	Investissement énorme de firmes internationales
Classe moyenne grandissante	Croissance stable du PIB	Faible présence des firmes locale = 28 %	Marché composé de 28 % de firmes internationales, 44 % de multinationale et 28 % de firmes locales
Augmentation de la consommation à raison de 17 % depuis 2011	Importations de 1,8 milliard de dollars de produits par an	Importation constituant 70 % de la consommation	Positionnement favorable de la firme Saidal
Implication de l'état dans la régulation du marché	Perspective de partenariat et de développement des produits génériques	L'achat de médicament n'est pas encore prioritaire pour les ménages	Introduction de produits innovants en importation
Présence considérable de firme nationale pour favoriser l'attrait des grandes firmes internationales pour une production locale	Accord de partenariat favorisé avec les firmes multinationales	Automédication	Perception de la population locale que les génériques sont moins efficaces

Engagement des acteurs dans la production de produits génériques	Baisse de la production et de l'importation des produits de contrefaçon	Période longue et difficile dans le remboursement par le CNAS[43] sur les cartes « chifa »
Retombée économique considérable sur l'engagement de l'état dans le développement du secteur	Demande en pleine croissance, dépense en médicament de l'ordre de 15 % du budget ménager[44]	Remboursement seulement des médicaments génériques, par la CNAS
Un marché de 3 milliards de dollars de chiffres d'affaires[45]	Augmentation de la liste des médicaments référencés par la caisse d'assurance sociale	Manque de sensibilisation sur les procédés de conception et de commercialisation des produits génériques
Présence d'une vingtaine de conditionneurs sur le marché	Loi de régulation du marché (exonération de TVA, interdiction d'importation de types de produits fabriqués localement	La santé vient en 5e position des priorités de dépenses des ménages[46]

---

[43] CNAS : Caisse nationale d'assurances sociales
[44] ONS : office nationale de la statistique Algérie, Démographie
[45] Larevuemédicale-dz.com, l'industrie pharmaceutique en Algérie
[46] ONS : Office National de la statistique Algérie, Premiers résultats de l'enquête nationale sur les dépenses de consommation et le niveau de vie des ménages 2011

Présence de 500 distributeurs	Faible transparence du marché et manque de stratégie à long terme
Couverture de 80 % de médicaments génériques sur le marché	Faiblesse de la prise d'engagement local et du système bancaire
Exploitation de la flore locale et de la biotechnologie	Manque de volonté dans la collaboration en termes technique
62 dollars de consommation annuelle par habitant	Absence de termes légaux concernant les recherches cliniques, surtout sur les génériques

Actuellement, le marché pharmaceutique en Algérie est très dynamique avec une croissance considérable d'une moyenne de 17 % par an depuis 2011. Cette tendance devrait se stabiliser en 2015 ; toutefois, ce marché est surtout constitué par une part considérable d'importations qui a atteint 1.55 milliards en 2012. Celle-ci le met à la tête du tableau des pays importateurs de produits pharmaceutiques dans le sud de la Méditerranée.

Ce marché représente une opportunité importante cependant au regard du besoin local et de la production qui n'est que de 30 % sur tous les produits pharmaceutiques vendus localement.

Du fait des perspectives offertes par l'industrie pharmaceutique, l'État a pris une initiative afin de réguler le marché en favorisant la production locale à travers la mise en place d'une loi qui interdit toute importation de produits pharmaceutiques déjà produits localement. Ces produits sont d'autant plus bénéfiques et intéressants pour la population locale qu'ils se vendent à des prix génériques. De plus, l'État apporte un appui avec une exonération de taxe sur la valeur ajoutée pour les produits et équipements importés en vue de la production pharmaceutique industrielle.

Comme nous le montre le tableau suivant, l'une des forces qui témoigne de la progression de cette activité est la présence d'une centaine de projets recensés durant l'année 2013 :

Tableau : Projets d'industrie pharmaceutique et apport Montant : million de dinars

Secteur d'activité	Nombre de projets	Montant	Nombre d'emplois
Industrie pharmaceutique	198	103 756	12 391

Le taux d'importation, toujours très élevé, représente une faiblesse du marché. Toutefois, si cette tendance est bien exploitée, avec le concours des lois de régulation du marché émanant de l'État algérien, cette dernière devrait favoriser l'étude sur les produits et l'implantation sur le marché afin de combler le manque.

	2002	2003	2004	2005	2006	2007	2008	2009	2010	2011	2012	9mois 2013
Importation des produits pharmaceutiques	583,31	693,03	319,91	1002,41	81	126	174	190	207	277	1842	1643

Tableau : Importation des produits pharmaceutiques depuis 2002 (millions de dollars)
Source : Agence nationale de promotion du commerce extérieur, ALGEX, ministère du commerce, Algérie

Parmi les produits les plus importés en Algérie, le médicament se trouve ainsi en 5e position en 2013[47] avec un taux de 4 % de valeurs à l'importation et 1 929 millions de dollars de coût engagé.

7.2 – Schéma stratégique pour une implantation de firme pharmaceutique en Algérie

L'Algérie dispose d'atouts certains. Cependant, pour favoriser l'implantation de firmes pharmaceutiques étrangères, la détermination des autorités, via une ligne de conduite transparente, concertée, appuyée par une volonté politique constante, basée sur une vision à long terme du secteur du médicament, est d'une nécessité absolue.

La production pharmaceutique est l'un des secteurs les plus prometteurs en ce qui concerne l'industrialisation des pays en développement, mais elle exige une stratégie planifiée pour faire face aux forces du marché.

---

[47] Source : Algex.dz, principaux produits importés de 2006 à 2013.

Cette vision à long terme doit intégrer divers éléments touchant tant aux facilités d'implantation dans des zones adéquates (parcs scientifiques, technopôles) qu'à la modernisation des instances bancaires et financières et à la formation des divers types de personnel requis. Du côté des autorités de Santé et des Affaires Sociales, la concertation avec le secteur doit être un point fort pour moderniser les divers intervenants (Enregistrement, Prix, Remboursement, Révision et Adaptation des lois et règlements vers un rapprochement des normes internationales) dont on attend également une régulation basée sur des statistiques récentes et fiables. Dans cette perspective, le Laboratoire National de Contrôle des Produits Pharmaceutiques est à sauvegarder et développer, comme garantie de qualité, tandis qu'une Agence du Médicament est souhaitée.

La généralisation de l'assurance maladie pourrait être la plus importante opportunité offerte à cette industrie. Le développement de l'activité d'export et la délocalisation de la fabrication de certains médicaments étrangers vers l'Algérie peuvent également représenter des chances pour cette industrie.

Le vieillissement de la population et son augmentation offrent un éventail de possibilités et limitent les menaces qui pèsent sur l'industrie pharmaceutique. L'astuce sera de capitaliser sur ces différentes opportunités.

Ci-dessous une suggestion de stratégie schématisée pour les firmes futures à implanter[48]. Elle est déduite des recherches interne et externe réalisées.

---

[48] Source : L.Arezki, Stratégie d'implantation des firmes pharmaceutiques étrangères en Algérie, Thèse Doctorale, Janvier 2016

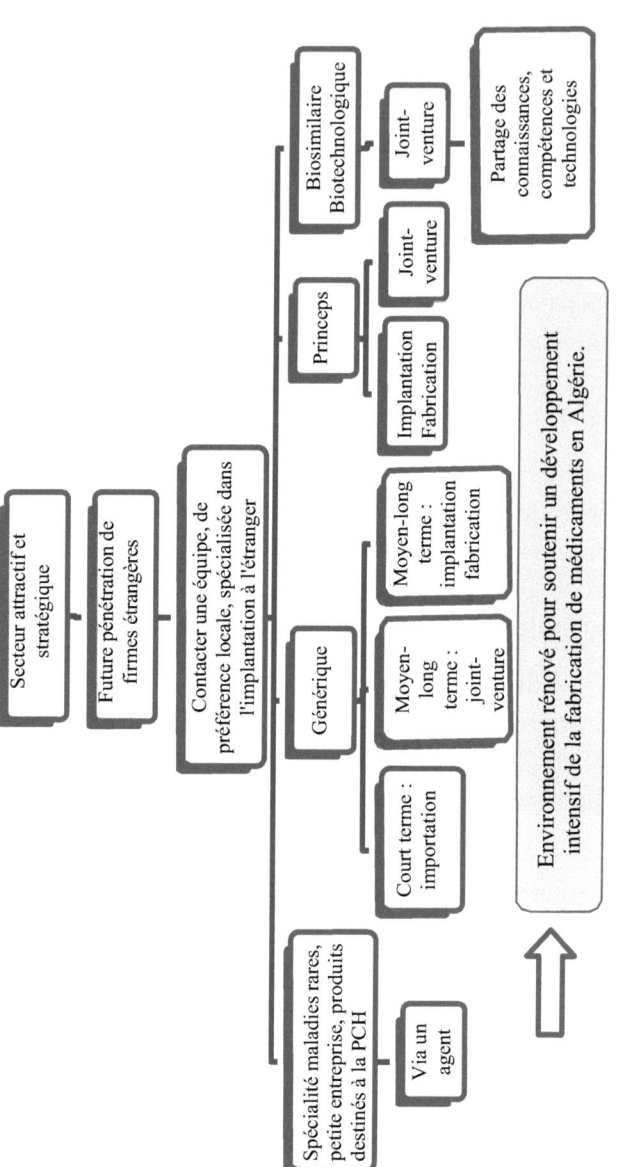

7.3- Recommandations, limites & difficultés

Recommandations

Pour les producteurs :

- Mettre le client au cœur de toute stratégie commerciale. En effet, l'industrie pharmaceutique est un secteur sensible qui nécessite de prendre des mesures préventives.

- Se démarquer de la concurrence en adaptant la production aux fluctuations du marché et en définissant une stratégie commerciale efficace.

- Investir dans la formation du personnel et dans le capital immatériel sous toutes ses formes (humain, social et législatif).

Limites et difficultés

- Facture élevée des importations : « *Il y a une rupture des médicaments dits essentiels pour les malades chroniques* »[49], affirme la pharmacienne algérienne Amel CHETTOUF.

- 80 % des besoins de médicaments sont couverts par une production locale composée de génériques[50]. En effet, ces génériques sont issus de la même molécule mère que les médicaments d'origine et en sont, de ce fait, des copies moins chères. Cependant, « *Les malades préfèrent majoritairement les molécules mères, même si les génériques leur coûtent moins cher.*

---

[49] « Algérie : Difficultés du secteur pharmaceutique » - AMAL CHETTOUF- février 2014.
50 Fourni par MENA POST : portail d'actualité (Middle East & North Africa). Composée de chercheurs, de journalistes et de spécialistes de la région, l'équipe de MENA Post fournit quotidiennement informations, analyses et articles de réflexions et d'opinions sur l'actualité politique, économique, sociale et culturelle du Moyen-Orient et du Maghreb.

Ils sont conscients de leur manque d'efficacité et demandent par exemple qu'on leur donne la boîte de Doliprane jaune à la place d'une rouge »[451], constate Amel CHETTOUF. Pourtant, selon les spécialistes, les génériques sont aussi efficaces que leurs princeps et passent par les mêmes processus de contrôle avant leur commercialisation. Ainsi, le manque d'information et de sensibilisation s'avère être un obstacle pour les médecins et les patients qui restent perplexes quant à l'efficacité des produits.

---

[51] « Algérie : Difficultés du secteur pharmaceutique » - AMAL CHETTOUF- février 2014.

Conclusion

Contrairement à certaines idées reçues, l'Algérie est considérée comme le pays le plus heureux en Afrique, c'est ce qu'affirme le rapport mondial sur le Bonheur « World Happiness Report » réalisé par l'ONU

« Les pays heureux sont ceux qui jouissent d'un équilibre sain entre la prospérité, mesurée de manière conventionnelle et le capital social, qui signifie un degré de confiance élevé dans une société, des inégalités faibles et la confiance dans le gouvernement. » explique Jeffrey Sachs, directeur SDSN et conseiller spécial du secrétaire général de l'ONU.

L'Algérie est un pays qui présente beaucoup d'opportunités sur le plan des affaires à y réaliser. L'économie du pays affiche une bonne santé malgré certaines difficultés passagères que les dirigeants arrivent à maîtriser. En effet, l'Algérie figure toujours parmi les pays les plus riches d'Afrique et le fait d'investir dans le pays inspire généralement confiance.

Par ailleurs, la création d'entreprise y est assez facile. Il n'existe pas de spécificité particulière, car ce sont les procédures d'usage de création d'entreprise qui sont appliquées. De plus, aujourd'hui, de nombreux organismes peuvent aider dans toutes les démarches, que ce soit pour des conseils ou même pour la réalisation des formalités nécessaires.

Le Secteur pharmaceutique en Algérie, est un domaine en plein développement et le marché mondial de ce secteur ne cesse d'évoluer d'année en année. La plupart des grands groupes internationaux sont déjà représentés en Algérie, mais il en existe quelques-uns qui ne sont pas encore sur le marché du pays.

Cependant, il existe des réglementations particulières qui régissent les entreprises de production et de distribution de produits pharmaceutiques en Algérie. Il faut donc les connaître et les appliquer pour pouvoir exercer le métier tranquillement.

Le marché des médicaments est très porteur en Algérie. Il génère près de 3 milliards d'euros de chiffre d'affaires et le fait d'intégrer ce marché, même une infime partie, peut être très profitable. Même en cas de situation relativement défavorable, l'entreprise devrait arriver à survivre et à dégager une bonne rentabilité au fil des années.

Au fil des pages de cet ouvrage, nous avons démontré que ce marché constitue effectivement une bonne opportunité d'affaires pour les entreprises pharmaceutiques désireuses de s'implanter en Algérie. Et pour prouver nos propos, des dirigeants de firmes déjà implantées sur le marché algérien (entreprises nationales et internationales) viennent corroborer cela. Cette analyse nous a permis de conclure que le marché algérien est bel et bien une opportunité en or pour les firmes internationales de l'industrie pharmaceutique.

Les dirigeants interviewés affirment que le marché algérien représente une bonne opportunité d'affaires pour les firmes pharmaceutiques. Les stratégies envisagées sont diverses : certaines d'entre elles préfèrent miser sur des prix compétitifs, d'autres optent pour la diversification du portefeuille de produits qu'elles fabriquent ou envisagent l'amélioration de la qualité de leurs produits. Les dernières essayent de se rapprocher des patients pour comprendre leurs besoins ou bien envisagent la stratégie d'acquisition de start-up innovante et l'investissement dans la recherche et le développement.

Les risques encourus par les entreprises qui désirent entrer sur le marché algérien sont principalement liés à la réglementation et aux lois internes (apparition de lois dans le secteur pharmaceutique). Par contre, le marché se caractérise par sa transparence au niveau des prix et jouit d'un climat de concurrence pure et parfaite. Par ailleurs, il est bien structuré et ne contient pas de lobbying ou de monopoles susceptibles de le manipuler ou d'agir sur le prix et garantit une compétitivité loyale entre ses différents acteurs. Il offre aussi l'opportunité de s'ouvrir sur le continent africain. À cela, s'ajoutent les avantages qu'offre l'État sous la forme d'exonération de la TVA ou de la taxe sur les produits importés de l'étranger.

En conclusion, le potentiel existe, l'outil est opérationnel, mais sous-employé, les conditions d'accès au marché pharmaceutique algérien sont favorables pour peu que les conditions légales et réglementaires soient adaptées.

Début du boum Pharmaceutique en Algérie

Pfizer, Sanofi-Aventis, Novartis, AstraZeneca…

94/95. Il y avait une interdiction, il n'y avait pas de firmes multinationales en Algérie. Tout était détenu par l'État, il n'y avait pas d'importateurs, pas de grossistes, il y avait uniquement la PCA, Pharmacie Centrale Algérienne qui ensuite s'est transformée en PCH, Pharmacie Centrale des Hôpitaux, « Digromed » tout ce qui est distribution et « Endimed » pour tout ce qui est pharmacie. Donc, à partir de 1994, il y a eu cette ouverture et donc toutes les multinationales ont essayé de revenir.

En réalité elles n'étaient jamais vraiment parties, il y avait toujours eu, un ou deux délégués qui faisaient de la visite médicale clandestine. Sans être vraiment représentant.

C'était un marché qui était dominé par « Rhône-Poulenc » et des multinationales comme « Pfizer » ont essayé donc de pénétrer le marché algérien. Comment le faire ? L'idée a été de construire une usine et donc argumenter avec l'État Algérien en disant : « Nous sommes prêts, nous voulons investir » (à l'époque, c'était un montant conséquent 12 millions de dollars côté Pfizer, en association avec « Saidal » pour 70/30).

Et l'idée était de dire « On est prêt à investir, à créer une usine moderne, pour fabriquer de nouvelles molécules. On ne va pas venir construire une usine qui sert uniquement de vitrine pour couvrir nos ventes, mais on veut faire des ventes. » Toutes les molécules qu'ils voulaient enregistrer étaient destinées à être fabriquées localement. Ce qui a été fait d'ailleurs. Et donc ça a permis à Pfizer d'enregistrer une vingtaine de produits, en 3 à 4 ans.

Ce n'était évidemment pas des nouvelles molécules. Mais elles dataient toutes de la fin des années 80, début des années 90. Il faut savoir que la fabrication n'était pas évidente qu'il fallait partir de zéro. Trouver des entreprises capables de construire. Sachant que l'industrie pharmaceutique algérienne était embryonnaire, il n'y avait aucune entreprise qui connaissait réellement le métier.

La stratégie de Pfizer a été différente, c'était de prendre appui sur de jeunes entreprises, leur apprendre le métier sachant qu'elles seraient beaucoup plus souples, et c'est ce qui a été fait. Le résultat, c'est que Pfizer a construit cette usine et le projet a effectivement démarré, le protocole a été signé en 1997, finalisé en 1998, et l'usine a commencé à entrer en production en 2002. Delà, Pfizer a pu passer de numéro 20/30 à pratiquement numéro 2 en quelques années.

La même stratégie a été adoptée par « Rhône-Poulenc », mais ils sont venus juste après. L'entreprise a connu beaucoup de changements, donc c'était « Rhône-Poulenc » c'est devenu « Rhône-Poulenc Aventis » puis « Aventis » tout court jusqu'au rachat par « Sanofi », mais cela est venu bien plus tard.

Entre-temps, ils avaient déjà construit une usine « Aventis » c'était une toute petite usine, si on compare au chiffre d'affaires qu'ils faisaient et au nombre de produits qu'ils ont vendus en Algérie. Quand ils ont fusionné avec « Sanofi », ils avaient une deuxième usine qui était à « Aïn Benian », et là apparemment ils restent dans leur même optique puisqu'ils construisent une troisième usine à « Sidi Abdellah ». D'ailleurs, M. Raffarin vient régulièrement pour le rappeler aux autorités algériennes.

Donc il y a eu ; on va dire grosso modo ces deux grosses entreprises qui avaient choisi cette démarche : en s'implantant durablement en construisant des usines.

Mais il y a eu d'autres entreprises qui n'ont pas fait ce choix, notamment « Novartis », et « AstraZeneca ».

« Novartis » aujourd'hui est en déconfiture totale. Ils sont passés d'un chiffre d'affaires de 140 à 150 millions de dollars, il y a 5/6 ans, a à peine 40/50 millions de dollars. Pourquoi ? Parce qu'il y a beaucoup de « génériqueurs » qui se sont implantés, qui ont construit leurs usines en Algérie, des locaux, qui se sont mis à fabriquer, et « Novartis » n'avait pas cru que l'État algérien irait jusqu'au bout de ces déclarations. C'est-à-dire que quand des génériques seraient fabriqués localement, l'importation serait interdite, l'État algérien l'a appliqué.

Aujourd'hui, si vous ne fabriquez pas un produit contre l'hypertension, ou une « statine » en Algérie, vous n'avez aucune chance d'avoir un enregistrement, même si votre produit apporte un changement majeur. Pour une raison considérable, il y a aujourd'hui 50 « statines » qui sont fabriquées, et 50 antihypertenseurs. Donc l'État algérien se dit ce n'est pas ce petit changement qui va peut-être concerner 0,05 % de la population qui va m'apporter un intérêt réel.

Donc face à un intérêt économique, face à des centaines de familles qui vivent de ça, on préfère continuer à promouvoir la fabrication locale. Évidemment, on parle de l'aspect global du marché Pharmaceutique.

À présent, les choses sont beaucoup plus difficiles. Pfizer est entré en étant actionnaire dans une société commune avec « Saidal » pour laquelle Pfizer détenait 70 % et « Saidal » 30 %, depuis les choses ont changé, mais actuellement Pfizer détient entre 80 à 90 % de cette société, il y a eu des augmentations de capital que « Saidal » n'a pas pu suivre ou n'a pas voulu suivre.

Actuellement, si vous voulez pénétrer le marché, il vous faut un partenaire algérien à 51 %. À la différence de « Novartis », « Astra » a compris. « Astra » est en train de monter une société mixte en Algérie, de la même manière avec construction d'une usine pour pouvoir obtenir les enregistrements et le remboursement. En ayant beaucoup plus de facilité.

Le seul problème, le produit phare d'« AstraZeneca dans le monde est le « CRESTOR », c'est une statine qui serait supérieure à toutes les autres statines, mais ça, c'est le langage de toutes les sociétés pharmaceutiques.

Mais jusqu'à présent « Astra » n'a pas été en mesure d'obtenir le remboursement. Ils ont obtenu l'enregistrement, mais pas le remboursement. Pourquoi ? Parce que le produit n'est pas fabriqué. Ils ont décidé de créer une société mixte, de façon intelligente. Plutôt que de prendre un partenaire local qui aurait eu une usine, ce qui a été la démarche de beaucoup de sociétés, ils ont préféré prendre un partenaire financier, créer une société, tout le monde met l'argent au pot, et on construit quelque chose. Donc ils partagent, et les risques techniques, et les risques financiers. En fait, les risques techniques pratiquement pas puisque c'est « Astra » qui mène la danse. Et on ne sait même pas si un jour, ils fabriqueront le « CRESTOR » parce que le tarif de référence des statines aujourd'hui a beaucoup baissé... Alors est-ce que c'est dans leur intérêt de le faire et de le vendre, en partant à zéro alors que vous avez des sociétés comme Pfizer, et des génériqueurs qui sont installés depuis très longtemps.

Ils veulent obtenir un tarif de référence différent, ce serait très difficile, et très laborieux à expliquer. Très ardus à obtenir pour le ministère de la Santé et de la Sécurité sociale, et très durs à expliquer aux autres. Parce que tout le monde dira à ce moment-là : « Moi aussi, je veux fabriquer quelque chose qui est légèrement différent et je vous assure supérieur aux autres, mais il me faut un prix premium pour pouvoir le faire. »

On va diviser le Pharmaceutique en 3 blocs : les génériques, les princeps et la biotechnologie. Aujourd'hui la biotechnologie en Algérie est extrêmement difficile, il ne faut pas se leurrer, on n'a pas un environnement qui le permet.

Pour les sociétés de génériques, aucune chance pour une multinationale du générique de s'implanter en Algérie, en dehors de la fabrication locale. Vous avez deux firmes « Sandoz » et « Mylan », on ne va pas considérer que « Hikma » est une multinationale, bien qu'elle soit présente dans tout le monde arabe. Pour ces firmes aussi, elles passent par la fabrication locale, et donc pour elles la seule voie d'entrée c'était de fabriquer localement.

Les princeps, on l'a vu avec l'exemple de « Pfizer » et de « Sanofi », le contre-exemple de « Novartis » échec retentissant, « GSK » par contre est implanté, historiquement travaille avec une société qui s'appelle « LPA ». Depuis « GSK » a racheté « LPA » donc garde les activités de fabrication et d'importations pour un certain nombre de petits laboratoires.

Vous avez un autre exemple, c'est « Biopharm ». Biopharm est une société algérienne qui dans 49 % vient d'être vendue à un fonds d'investissement anglais. Donc Biopharm a outre ces activités d'importation (ils ont commencé historiquement dans l'importation), ils ont une usine, et ils fabriquent maintenant pour plusieurs laboratoires et pour leur propre gamme.

Ils jouent sur deux volets, ils font leur propre générique, et ils fabriquent pour d'autres laboratoires. Ça leur permet d'avoir toujours cette licence d'importation, et de démarcher toute une série de laboratoires qui sont Mono-produits ou qui ont deux ou trois produits. On ne peut pas construire une usine en Algérie pour vendre 3 000 boîtes par an, c'est impossible. Donc Biopharm est le plus gros sur ce marché.

Vous avez une autre société qui s'appelle « E.P.Dis » eux aussi ont la même démarche, ils fabriquent quelques produits… l'entreprise à l'échelle mondiale s'appelle « EuraPharma » et en

Algérie c'est « E.P.Dis », « EuraPharma Distribution ». Ces petites sociétés, leur seul salut, c'est de passer par un importateur.

Pour les sociétés de biotechnologie, c'est exactement la même chose. On ne peut pas fabriquer de biotechnologie en Algérie. Pourquoi ? Parce que l'environnement n'est pas réuni, n'est pas adapté. Et deuxièmement parce que les quantités sont très faibles.

Le prix, c'est vrai, on voit parfois, on dit « ah en oncologie les produits coûtent une fortune », mais on vend 1 000 boites par an, et pour 1 000 boites on ne peut pas construire une usine qui coûte plusieurs centaines de millions de dollars. Donc, grosso modo soit on est un gros acteur avec une réelle volonté de s'implanter sur le long terme en ayant des assurances pour la durée, à ce moment-là, on construit notre usine. Mais aujourd'hui, il faut s'appuyer sur un partenaire local, ce qui n'était pas le cas, il y a 5-6 ans avant qu'il n'y ait cette nouvelle loi. Soit on veut jouer à la marge dans des produits de niche, et là, on doit s'associer avec quelqu'un et surtout, il faut savoir s'associer.

Ensuite, il y a un autre point, est-ce qu'on vend des produits exclusivement hospitaliers, et dans ce cas-là, on peut juste avoir une société partenaire pour la représentation. Ou on veut vendre et dans l'hospitalier et en officine, et dans ce cas-là, on est obligé d'avoir un partenaire importateur. C'est-à-dire quelqu'un qui soit fabricant, importateur. Si on a que des produits hospitaliers, la PCH se charge de faire toutes les importations avec toutes les déconvenues qu'il y a à travailler avec la PCH. C'est-à-dire le lancement des appels d'offres… l'attente, et il faut attendre 6 mois…

Et si on veut travailler en officine, on est obligé d'avoir un partenaire local.

Postface

Le thème qu'aborde dans ce livre, Lillia Arezki, est un sujet majeur puisqu'il traite du médicament et, donc par extension de la santé.

Ce monde de la santé est un monde qui présente, tel Janus, deux faces.

D'un côté, il porte en lui une promesse prométhéenne : il nous libère de la maladie, voire nous promet la vigueur et la vie éternelle (c'est du moins le credo des *transhumanistes* aujourd'hui : l'homme « augmenté », l'homme régénéré *ad infinitum*, l'homme quasiment auto engendré). D'ailleurs, l'espérance de vie n'augmente-t-elle pas d'année en année de manière spectaculaire preuve de la toute-puissance d'Esculape, le Serpent ?

Mais au-delà des slogans et des campagnes de communications bien huilées des gouvernements et des industriels et des distributeurs qu'en est-il ? Il est à cet égard intéressant de se pencher un instant sur les faits.

Le paysage est tout autre si l'on prend la peine de regarder **l'espérance de vie en bonne santé, car celle-ci stagne vers 62/64 ans et régresse même dans certains pays pourtant économiquement développés. Et le plus frappant : depuis qu'elle est mesurée ; est que l'écart entre espérance de vie et** espérance de vie en bonne santé s'accroit inexorablement, plus d'une vingtaine d'années

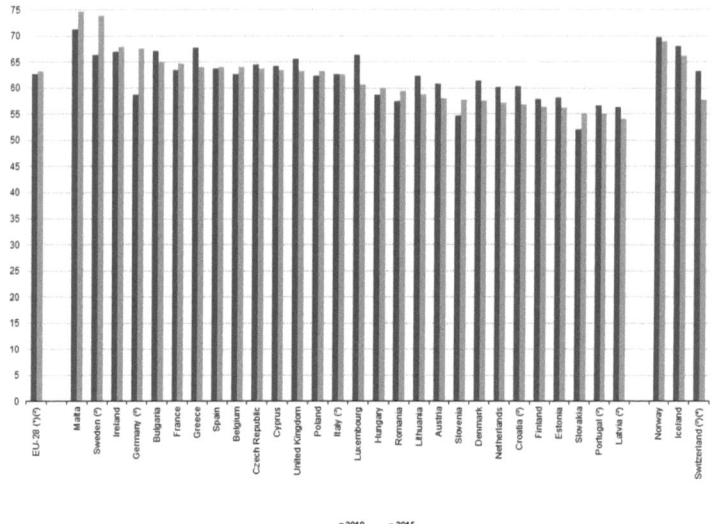

(¹) 2010: estimate.
(²) Break in series.
(³) 2011 instead of 2010.
(⁴) 2014 instead of 2015.
Source: Eurostat (online data code: hlth_hlye)

Healthy life years at birth, females, 2010 and 2015 (years)

Ce dernier point est porteur d'*hiatus majeurs* à venir sur les plans éthiques, sociétaux et économiques, dont il n'est pas certain que le « monde » politique les ai pris en compte dans ses « calculs », ou tout du moins en ait bien mesuré l'amplitude et les implications.

Mais il est vrai que les temps biologiques, les cycles économiques et celui des mandatures électorales ne sont pas toujours alignés.

De l'autre côté c'est la face de l'argent par milliards, des brevets, y compris sur le vivant, des « affaires » de corruption à répétition, des lobbyistes, et des relations parfois « incestueuses » entre État, Politiques et Industriels, ainsi que la mercantilisation toujours plus grande de la médecine et du médicament : OTC (Over the Counter), e-medecine et rapport au « Big Data » et à l' « Intelligence Artificielle », etc.

Le médicament n'est pas qu'un objet moléculaire, c'est plus que jamais une brique de la construction sociétale, un enjeu majeur des décennies à venir.

Georges NURDIN, Ph.D
Directeur de la Collection Raisonance

Bibliographie

Ouvrages

AMELON Jean-Louis, CARDEBAT Jean-Marie, *Les nouveaux défis de l'internationalisation. Quel développement international pour les entreprises après la crise*, De Boeck, 2010.

BERESNIAK A, TABOULET F, CROS-FRIDEMANN S., *Comprendre La Pharmacoéconomie*, Paris : Glaxowellcome, 1997.

BRUDON Pascale, *Médicaments pour tous en l'an 2000 ? Les multinationales pharmaceutiques suisses face au tiers monde : l'exemple du Mexique*, Éditions d'En-Bas, Lausanne, 1983.

BRUDON-JAKOBOWICZ P., RAINHORN J-D., REICH M.R., *Indicateurs pour le suivi de la mise en œuvre des politiques pharmaceutiques nationales*, 1ère édition, Genève, Organisation mondiale de la Santé, 1996.

BRUEL Olivier, MÉNAGE Pascal, *Politique d'achat et gestion des approvisionnements. Enjeux, problématiques, organisation, changement*, Dunod, 4e édition, 2014.

CHARVIN R., *L'investissement International et le droit au développement*, Paris, Harmattan, Country Report., 2002.

CLAVERIE I., HEDDE H. (2008), *Pharmacologie générale. Toxicologie*, Wolters Kluwer, Collection Porphyre.

DILLMAN Bradford L., *State and Private Sector in Algeria: The Politics of Rent-seeking and Failed Development*, Westview Press, 2000.

DRUMMOND M., TEELIN SMITH G., WELLS N., *Economic evaluation in the development of medicines*, Londres, Office of Health Economics, 1988.

DUMOULIN Jérôme *et al*, OMS, *Guide d'analyse économique du circuit du médicament*, 2001, 70 pages.

HABERLI Christian, *Les investissements étrangers en Afrique avec des cas portant sur l'Algérie et le Ghana*. Paris, Librairie générale de droit et de jurisprudence, Nouvelles Éditions Africaines, 1979.

HAROUN Medhi, *Le régime des investissements en Algérie à la lumière des conventions franco-algériennes*, Paris, Litec, 2000.

HUGUES M., *Le marketing-prix*, Les Éditions Demos, 1998.

KILLING J. Peter, *Strategies for joint-venture success*, Routledge Library Editions, London, 2013.

LAVIEC J.A., *Protection et promotion des investissements directs étrangers*, Paris, Puf, 1995.

LE Catherine, *Marketing international : la stratégie d'implantation de la FNAC à l'étranger*, 1994.

Le médicament au Maghreb et en Afrique francophone, Grenoble, Frères des Hommes, Presses universitaires, 1989.

LEUWERS Mathieu, *Gestion de la fin du cycle de vie économique d'un médicament : cas de l'Holoxan et de l'Endoxan*, 2003.

MEZOUAGHI Mihoud, *Les localisations industrielles au Maghreb : attractivité, agglomération et territoires*, Éditions Karthala et IRMC, 2009.

MOREAU A., RÉMONT S., WEINMANN N., *L'industrie pharmaceutique en mutation*, Paris, La Documentation française, 2002.

NGUYEN-THE Madeleine, *Importer. Des conseils, des exemples, des avis d'experts, des témoignages pour vous guider*, Eyrolles, 2011.

QUICK J.D. et al. *Managing drug supply: the selection, procurement, distribution and use of pharmaceuticals*, 2e éd. West Hartford, CT, Kumarian Press, 1997.

QUICK J.D., RANKIN J.R., LAING R.O., O'CONNOR R.W., HOGERZEIL H.V., DUKES M.N.G., GARNETT A., editors. *Managing Drug Supply*. 2nd ed. West Hartford, USA : Kumarian Press, 1997 (Première édition en français : QUICK J.D., HUME M.L., O'CONNOR R.W., *Bien gérer les médicaments : la sélection, l'acquisition, la distribution et l'utilisation des produits pharmaceutiques dans les soins de santé primaires*, adapté et traduit par l'Institut universitaire d'études du développement, Genève, Suisse, 1984).

RAVELLI Q., *La stratégie de la bactérie. Une enquête au cœur de l'industrie pharmaceutique*, Paris, Seuil, 2015.

SCHNEIDER François, CHEVALIER Jacques, NAVARRO Alain, « Analyse du cycle de vie. Problèmes d'affectation », INSA Lyon.

SERRE Marie-Paule, WALLET-WODKA Deborah, *Marketing des produits de santé. Stratégies d'accès au marché - Médicaments remboursables, selfcare, cosmétiques et aliments santé*, Dunod, Collection Marketing sectoriel, 2014.

WILLIAMSON O., *Market and hierarchies: analysis and antitrust implication*. New York, The Free Press, 1975.

Articles

ABECASSIS Philippe et COUTINET Nathalie, « Caractéristiques du marché des médicaments et stratégies des firmes pharmaceutiques », *Horizons stratégiques*, 2008, no 1, p. 111-139.

BARRAL Etienne (1991), « Comparaison des résultats de la recherche pharmaceutique (1975- 89) », Analyse Financière.

BLEEKE Joel, ERNST David (1991) Mckinsey & Compagnie. « The Way To Win In Cross-Border Alliances », Boston: Harvard Business Review, Technologie.

BLIDI Amel, « GlaxoSmithKline investit en Algérie », *Quotidien-oran.com*, 2 mai 2005.

CEZILLY Frank et BENHAMOU Simon, « Les stratégies optimales d'approvisionnement », 1996.

CHAKROUN Ridha, TEULON Frédéric, « Whistleblowers in the pharmaceutical industry: tragic hero, black sheep or alter ego? », *IPAG Business School*, 2014.

CHEMTOB C., « Principes généraux de la validation des procédés de fabrication », Éditions de santé, STP pharma pratiques, 1995, vol. 5, n° 3, pp. 222-228.

CRISTOFARI J.-J., « Algérie et médicament : des importations encore dominantes », *Pharmaceutiques*, décembre 2007.

CRISTOFARI J.-J., « Pharma en Algérie : couvrir 70 % des besoins en médicaments en 2014 », *PharmAnalyses*, 25 octobre 2010.

D. LITTLE Arthur, SAAD Kamal N., BOHLIN Nils H., VAN OENE Frederik. (1991) « Third Generation R&D. Managing: The Link To Corporate Strategy », Boston, Massachusetts: Harvard Business School Press.

EL-DEEB G., NGUON B., TIBI A., RIZZO-PADOIN N., « Mise en œuvre d'une recherche biomédicale utilisant un médicament radiopharmaceutique expérimental : quel cadre juridique ? Quels autorisations et avis préalables ? », *Le Pharmacien Hospitalier*, Volume 44, Issue 3, September 2009, Pages 138–144.

Enseignement de santé publique, faculté de médecine de Tour (1988) ressources électroniques pour les étudiants, la recherche et l'enseignement [en ligne]. Disponible sur : www.Med.Univ-Tours.Fr/Enseign/Santepub/Doc-Ped/Economiesante/Index-Eco.Htm [Consulté Le 09 Septembre 2013].

GIROUX Claude, « La contribution synergique des pratiques de publicité pharmaceutique à la transformation du rôle contemporain du médicament », *Revue Internationale sur le Médicament*, 2007, vol. 1, p. 33-77.

HO PARK Seung, RUSSO Michael V., « When Competition Eclipses Cooperation: An Event History Analysis of Joint Venture Failure », *Management Science*, 1996.

HO PARK Seung, UNGSON Gerardo R., « The Effect of National Culture, Organizational Complementarity, and Economic Motivation on Joint Venture Dissolution », *Academy of Management Journal*, 1997.

LABORIE Hervé, WOYNAR Sébastien, « Organisation et sécurisation du circuit du médicament. Approfondissement », Mission nationale d'audit et d'expertise hospitaliers, Rapport final juillet 2008.

MILLIOT Eric, MILLIOT-GUINN Shawna et SCHAAPER Johannes, « Enjeux et potentiel de développement d'un nouveau concept : le portage commercial équitable », Colloque international : commerce équitable et développement durable, Québec, Montréal, 2006.

Ministère de la Coopération (1996), « Le secteur pharmaceutique privé commercial en Afrique », Rapports d'étude, Paris.

Ministère de l'Industrie, de la Petite et Moyenne Entreprise et de la Promotion de l'Investissement (2011), « Rapport sectoriel N° 1 : L'industrie pharmaceutique. État des lieux, enjeux et tendances lourdes dans le monde et en Algérie », Direction Générale de l'Intelligence économique, des études et de la prospective.

MOATI Philippe, MOUHOUD El Mouhoub, « Les nouvelles logiques de décomposition internationale des processus productifs », *Revue d'économie politique* 5/2005 (Vol. 115), p. 573-589.

MUCCHIELLI Jean-Louis, « Alliances stratégiques et firmes multinationales : une nouvelle théorie pour de nouvelles formes de multinationalisation », *Revue d'économie industrielle*, 1991, Volume 55, Numéro 55, pp. 118-134.

OMS., *Comment élaborer et mettre en œuvre une politique pharmaceutique nationale*, Genève, 2002, 104 pages.

OMS, *Comment étudier l'utilisation des médicaments dans les services de santé : quelques indicateurs de l'utilisation des médicaments*. Programme d'action pour les médicaments essentiels, Genève, 1993 (Série Recherche No. 7).

PADDISON C., MERCHANT K. (1994) « Alcon Laboratories » In: *Harvard Business Review*, Interview sur Merck & Company. Case, Janvier-Février.

PFISTER Étienne, CAMPART Sandy, « Les conflits juridiques liés à la propriété industrielle : le cas de l'industrie pharmaceutique et biotechnologique », *Revue d'économie industrielle*, 2002, Volume 99, Numéro 99, pp. 87-106.

PIERRON Véronique, « Les groupements d'exportateurs ont le vent en poupe », *L'Express*, 05/10/2010.

POINTIS Caroline, « Pharmacovigilance, matériovigilance et cosmétovigilance (éléments de comparaison) », Université d'Aix-Marseille II, 2007.

POIREL C., « La stratégie de distribution multiple : des ambitions et des promesses », *État de l'art, Conférence internationale de Management Stratégique* (AIMS), 2008.

ROCOUR Jean-Luc, « La gestion des succursales européennes aux États-Unis », *Management International*, Vol. 6, No. 1, 1966.

SOUBAYA Isabelle, MUCCHIELLI Jean-Louis, CHÉDOR Séverine, « Investissements directs à l'étranger des multinationales françaises et relations commerciales avec leurs filiales. Une analyse sur données individuelles d'entreprises », *Revue économique*, 2000, Volume 51, Numéro 3, pp. 747-760.

UNCTAD, « Algérie : Examen de la politique d'investissement », 2004.

YACOUB Nejla, LAPERCHE Blandine, « Stratégies des grandes firmes pharmaceutiques face aux médicaments génériques », *Innovations* 2/2010 (n° 32), p. 81-107.

YAIR Aharoni, (1993) In « Search for the Unique: Can Firm-Specific Advantages Be Evaluated », *Journal of Management Studies*, 30 (1), pp. 31-44.

Revues articles rapports

Algeria Country Review, 2003 (English) Taschenbuch – 1. Januar 2002

Algérie et Médicament - Des Importations Encore Dominantes - Décembre 2007, Business Middle East

« Approvisionnement en médicaments », Dossier technique. Bruxelles, Médecins sans Frontières/Belgique, AEDES, 1990.

BARNETT A, CREESE AL, AYIVOR ECK, « The economics of pharmaceutical policy in Ghana », *International journal of health sciences*, 1980, 10: 479-499.

BENNETT S, QUICK JD, VELÁSQUEZ G., « Rôle des secteurs public et privé dans le domaine pharmaceutique : incidences sur l'équité en matière d'accès et sur l'usage rationnel des médicaments », *Économie de la santé et médicaments*, DAP série n° 5. Genève : Organisation mondiale de la Santé, 1997.

BENSADON A.-C., MARIE E., MORELLE A. (2011), Rapport sur la pharmacovigilance et gouvernance de la chaîne du médicament, Paris, Inspection générale des affaires sociales.

BRUDON-JAKOBOWICZ P., « Comparative analysis of national drug policies », *EDM Research Series* No 25. Genève: Organisation mondiale de la Santé, 1997.

CHETLEY A. From policy to practice: the future of the Bangladesh National Policy. Penang, International Organization of Consumers Unions, 1992.

Comment étudier l'utilisation des médicaments dans les services de santé : quelques indicateurs de l'utilisation des médicaments, Programme d'Action pour les Médicaments essentiels, Genève, Organisation mondiale de la Santé, 1993 (Série Recherche No. 7).

Contribution à l'étude du recouvrement des coûts des médicaments dans le cadre d'une politique de santé dans les pays en développement. Paris, Réseau « Médicaments et Développement » (REMED), 1993.

Dag Hammarskjöld Foundation, « Making national drug policies a development priority: a strategy paper and six country stories », *Development Dialogue,* 1995, 1: 1-256.

De la recherche à l'industrie pharmaceutique - *Le Journal Du CNRS* - CNRS Economic And Product Markets In Algeria 3.3 Latent Demand Forecasts Foreign Investment Climate

DUMOULIN J, KADDAR M, VELÁSQUEZ G. *Accès aux médicaments et financement : analyse économique et financière de base.* Genève, Organisation mondiale de la Santé, 1991.

EIU : Economist Intelligence Unit, *Healthcare & Pharmaceuticals Forecast World*

GHEBBI R., « L'industrie pharmaceutique en Algérie : perspectives et défis, 1ère partie », *La revue médicale,* 2015

GRIMSHAW J, RUSSELL IT. « Effect of clinical guidelines on medical practice: a systematic overview of rigorous evaluations », *Lancet* 1993; pp. 1317-1322.

HILLMAN AL *et al.* « Avoiding bias in the conduct and reporting of cost-effectiveness research sponsored by pharmaceutical companies », *New England journal of medicine,* 1991: 1362-1365.

HOGERZEIL HV *et al.* « Field tests for rational drug use in twelve developing countries », *Lancet,* 1993: 1408-1410.

LAING RO, HOGERZEIL HV, ROSS-DEGNAN D., « Ten recommendations to improve use of medicines in developing countries », *Health Policy and Planning,* 2001.

« L'Algérie toujours à l'étape de conditionnement », Industrie Pharmaceutique

« La Libéralisation du secteur pharmaceutique en Algérie - Effets sur la disponibilité et les prix des médicaments », Série de recherche n° 22.

« Le Marché pharmaceutique en Algérie jugé attractif », www.algerie-dz.com

« Le Syndicat de l'industrie pharmaceutique mène une guerre contre le "Mebo" en Algérie, Les Déboires de l'industrie pharmaceutique », *Le Minarchiste*

Marché pharmaceutique en Algérie en 2011 - 2,9 milliards de dollars, *Middle East Monitor North Africa*.

Ministère de l'Industrie, de la Petite et Moyenne Entreprise et de la Promotion de l'Investissement (2011), « Rapport sectoriel N° 1 : L'industrie pharmaceutique. État des lieux, enjeux et tendances lourdes dans le monde et en Algérie », Direction Générale de l'Intelligence économique, des études et de la prospective.

OMS, *Comment élaborer et mettre en œuvre une politique pharmaceutique nationale*, 2e édition

OMS, *Indicateurs pour le suivi des politiques pharmaceutiques nationales*. Guide pratique, 1994 (226 pages).

OMS, Stratégie pharmaceutique de l'OMS : cadre d'action pour les médicaments essentiels et politiques pharmaceutiques, 2000-2003. Genève: Organisation mondiale de la Santé, 2000. WHO/EDM/2000.1.

PEARCE MJ, BEGG EJ, « A review of limited lists and formularies. Are they cost-effective ? », *PharmacoEconomics*, 1992, 1(3) : 191-200.

Rapport sectoriel N° 1, L'industrie pharmaceutique, Série : Rapports sectoriels, janvier 2011, Document de travail n° 21/DGIEEP/11.

Research and Markets: Algeria Pharmaceuticals and Healthcare Report Q2 2012: independent forecasts and competitive intelligence.

Research and Markets: « The 2009 Import and Export »; "The 2011 import and export market for vaccines, antisera, and other blood fractions in Africa ».

SACRISTAN JA, SOTO J, GALENDE I., « Evaluation of pharmacoeconomic studies: utilization of a checklist », *Annals of pharmacotherapy*, 1993, 27: 1126-1131.

SIMON HA. « From substantive to procedural rationality », Dans Latsis. *Method and appraisal in economics*, Cambridge, Cambridge University Press, 1978.

SOUMERAI SB, « Economic and policy analysis of university-based drug "detailing" ». *Medical care*, 1986, 24: 1774-1776.

The 2009 import and export market for alpha, beta, or gamma radiation apparatus in Algeria

The 2009 import and export market for antibiotics excluding medicaments in Algeria.

The 2009 import and export market for glycosides, glands or other organs and extracts, antisera, vaccines, and similar products In Algeria.

The 2009 import and export market for orthopedic appliances, crutches, surgical belts, fracture appliances, artificial body parts, hearing aids, and pacemakers in Algeria.

The Trade specialization of sane evidence from manufacturing industries world outlook for manufacturing pharmaceutical preparations 2006-2011.

THORELLI HB, « Networks: between markets and hierarchies », *Strategic management journal*, 1986: 37-51.

VELÁSQUEZ G, BOULET P., *Mondialisation et accès aux médicaments : les implications de l'Accord ADPIC/OMC*, Édition révisée, *Série économie de la santé et médicaments* n° 7. Genève : Organisation mondiale de la Santé, 1999.

Thèses

Alliance Boots Swot Analysis_ Feb2011, P1-8, 8p Macro Accessibility In Algeria 2.3 Marketing Strategies.

AREZKI Lillia, « L'analyse du marché pharmaceutique "Princeps vs Générique" », mémoire d'ingénieur commercial, 2010.

AREZKI Lillia, « Projet de création d'une représentation pharmaceutique en Algérie », Thèse MBA, 2012.

AREZKI Lillia, « Stratégie d'implantation des firmes pharmaceutiques étrangères en Algérie », Thèse doctorale, Janvier 2016.

GAUCHER Séverine, Organisation de filière et politiques d'approvisionnement. Analyse appliquée au cas des filières agroalimentaires. Thèse de Doctorat de l'École des Mines de Paris, 2002Healthcare & Pharmaceuticals Forecast Middle East & Africa_ Nov2004, P17-19 Healthcare & Pharmaceuticals Forecast World_ Nov2004, P24-26.

Political Risk Yearbook Algeria Country Report 1 1 2013 Special Section P1 14 14p Political Risk Yearbook Algeria Country Report 1 12013, P3 36, 34p2

Political Risk Yearbook Algeria Country Report 2011

Political Risk Yearbook Algeria Country Report 2012 P1 12 5

Webographie

Enseignement de Santé Publique, Faculté de Médecine de Tours, 1998. http://www.med.univ-tours.fr/enseign/santepub/doc-ped/economiesante/index-eco.htm consulté le 09 septembre 2013.

« Frequently Asked Questions », Index of Economic Freedom, 2018

L'Algérie toujours à l'étape de conditionnement trouvé sur Http://Www.Horizons- Dz.Com/?L-Algerie-Toujours-A-L-Etape-De-Conditionnement [Consulté le 08 septembre 2013 à 12:45:02]

La Direction En Pharmacie (2013) accueil-pharmacie [en ligne]. Disponible sur Http://Www.Sante.Dz/Dossiers/Direction-Pharmacie [Consulté le 08 septembre]

Les Actualités (2013) Http://Www.Elmoudjahid.Com/Fr/Actualites/28124 [Consulté le 21/04/2013].

OMS. Site Internet consacré aux médicaments : http://www.who.int/medicines

Site Internet de Pharmaétudes,
http://www.pharmaetudes.com/industrie-pharmaceutique.php

« Situation économique de l'Algérie : perspectives 2015 »,
Direction générale du Trésor, janvier 2015.
http://www.tresor.economie.gouv.fr/pays/algerie

« 2018 Index of Economic Freedom », Heritage Foundation (in partnership with The Wall Street Journal).
http://www.heritage.org/index/ranking

Statista 2018, Contribution régionale à la croissance du marché mondial des produits pharmaceutiques de 2013 à 2018

Table des matières

LISTE DES ABRÉVIATIONS 7

SOMMAIRE 9

PRÉFACE 15

INTRODUCTION 19

I - L'INDUSTRIE PHARMACEUTIQUE : PRÉSENTATION GÉNÉRALE 21

II - LES PRINCIPAUX ACTEURS DU MARCHÉ PHARMACEUTIQUE 23

III - LES ÉTAPES D'INTRODUCTION DES MÉDICAMENTS SUR LE MARCHÉ 27

3.1 - La sélection des médicaments et produits pharmaceutiques 27
   3.1.1 - La procédure d'homologation 27
      Étape 1 : Procédure de notification 28
      Étape 2 : Procédure sommaire d'autorisation de mise sur le marché 28
      Étape 3 : Homologation complète 29
      Étape 4 : Réévaluation d'anciens médicaments 29
   3.1.2 - Les objectifs de la sélection 29

3.2 - La pharmacovigilance et la matériovigilance 36

3.3 - Les normes dans l'industrie pharmaceutique 40
   3.3.1 - Les législations appropriées 40
   3.3.2 - Les contrôles réglementaires 42

3.3.3 - Les normes de qualité à respecter 44
3.3.4 - Les éventuels problèmes juridiques 45

IV - LE MARCHÉ PHARMACEUTIQUE MONDIAL 49

4.1 - Présentation générale 49

4.2 - Les marchés pharmaceutiques européen et français........54
4.2.1 - Un marché pharmaceutique européen en mutation 54
4.2.2 - Le marché pharmaceutique français : en régression mais de multiples forces cependant 55

4.3 - Le marché pharmaceutique des pays émergents 57

4.4 - Analyse du marché pharmaceutique mondial 59
4.4.1 - Analyse de l'offre et de la demande 59
L'offre : 59
La demande : 60
4.4.2 - Analyse de la concurrence 61
4.4.3 - Conclusion 61

V - LE MARCHÉ PHARMACEUTIQUE ALGÉRIEN. 63

5.1 - Le contexte général en Algérie 63

5.2 - L'évolution du système de santé algérien 67
5.2.1.1 - La phase post-indépendance 67
A- La première décennie après l'indépendance (1962-1973) 67
B - La deuxième décennie (1973-1982)................................67
C - La troisième décennie (1983-1992) 68
5.2.1.2 - La phase de transition 68
5.2.1.3 - La phase actuelle 68

5.3 - Le financement de la santé..69
5.3.1. La période de financement mixte (1962-1973) 70
5.3.2 - La période de gratuité des soins (1974-1992) 70

5.3.3 - La période actuelle (1992-aujourd'hui) 70

5.4 - L'industrie pharmaceutique en Algérie : un marché en plein développement 71
5.4.1 - Définition du produit pharmaceutique 71
5.4.2 - La politique pharmaceutique algérienne 72
5.4.3 - La fixation des prix des médicaments 74
5.4.4 - Princeps vs Génériques 77
    5.4.4.1 – Définition 77
    ☐ Spécialité de référence ou produit princeps : 77
    ☐ Spécialité générique : 78
    ☐ Biotechnologie : 79
    5.4.4.2 - Une transformation du modèle économique de l'innovation 80
    5.4.4.3 - Quelques statistiques pour l'Algérie 80
5.4.5 - Le marché pharmaceutique algérien 81

5.5 - L'exportation et l'importation dans le domaine pharmaceutique 84

5.5.1 - L'importation en Algérie 84

5.5.2 - L'exportation algérienne 87

5.6 - L'environnement d'implantation en Algérie 89

VI - ANALYSE DU MARCHÉ PHARMACEUTIQUE ALGÉRIEN 93

6.1 - Présentation générale 93

6.2 - Le diagnostic externe : 94
6.2.1 - Sur le plan politique 94
6.2.2 - Sur le plan économique 95
6.2.3 - Sur le plan social 96
6.2.4 - Sur le plan technologique 97
6.2.5 - Sur le plan environnemental (écologique) 98

6.2.6 - Sur le plan légal 98

6.3 - Le diagnostic interne : **101**
    6.3.1 - Pouvoir de négociation des clients 102
    6.3.2 - Pouvoir de négociation des fournisseurs 103
    6.3.3 - La menace des produits de substitution 103
    6.3.4 - La menace des nouveaux entrants 103
    6.3.5 - L'intensité concurrentielle 103
    6.3.6 - L'intervention de l'État 104

6.4 - Entrevue auprès des responsables et experts du secteur pharmaceutique **105**
    6.4.1. – Axe 1 : Les Industries pharmaceutiques algériennes (locales) 105
    Le secteur de l'industrie pharmaceutique algérien : une bonne opportunité ? 107
    Stratégie pour les entreprises désireuses d'entrer dans le marché de l'industrie pharmaceutique algérien ? 107
    Quels dangers pour les firmes locales ? 108
    6.4.2 - Axe 2 : Les industries pharmaceutiques étrangères implantées en Algérie 110
    Le secteur de l'industrie pharmaceutique algérien : une bonne opportunité ? 111
    Stratégie pour les entreprises désireuses d'entrer dans le marché de l'industrie pharmaceutique algérien ? 113
    Quels dangers pour les firmes locales ? 115
    6.4.3 Axe 3 Enquêtes auprès des industries pharmaceutiques qui ne s'intéressent pas à l'Algérie 116

VII - STRATÉGIE D'IMPLANTATION DES FIRMES PHARMACEUTIQUES ÉTRANGÈRES EN ALGÉRIE **117**

7.1 - Processus marketing pour l'implantation sur le marché pharmaceutique algérien **117**
    7.1.1 - Choix du marché-cible et segmentation du marché suivant la grille produit-marché 117
    Le client final 117

    7.1.2 - Le cadre concurrentiel et le positionnement 123
        Option d'attaque frontale : 123
        Option de grignotage : 124
    7.1.3 - Le concept produit 124
    7.1.4 - La distribution 125

7.2 – Schéma stratégique pour une implantation de firme pharmaceutique en Algérie 132

7.3- Recommandations, limites & difficultés 135
    Recommandations 135
    Limites et difficultés 135

CONCLUSION 137

DÉBUT DU BOUM PHARMACEUTIQUE EN ALGÉRIE 141

POSTFACE 149

BIBLIOGRAPHIE 152

TABLE DES MATIÈRES 164

Structures éditoriales du groupe L'Harmattan

L'Harmattan Italie
Via degli Artisti, 15
10124 Torino
harmattan.italia@gmail.com

L'Harmattan Hongrie
Kossuth l. u. 14-16.
1053 Budapest
harmattan@harmattan.hu

L'Harmattan Sénégal
10 VDN en face Mermoz
BP 45034 Dakar-Fann
senharmattan@gmail.com

L'Harmattan Mali
Sirakoro-Meguetana V31
Bamako
syllaka@yahoo.fr

L'Harmattan Cameroun
TSINGA/FECAFOOT
BP 11486 Yaoundé
inkoukam@gmail.com

L'Harmattan Togo
Djidjole – Lomé
Maison Amela
face EPP BATOME
ddamela@aol.com

L'Harmattan Burkina Faso
Achille Somé – tengnule@hotmail.fr

L'Harmattan Côte d'Ivoire
Résidence Karl – Cité des Arts
Abidjan-Cocody
03 BP 1588 Abidjan
espace_harmattan.ci@hotmail.fr

L'Harmattan Guinée
Almamya, rue KA 028 OKB Agency
BP 3470 Conakry
harmattanguinee@yahoo.fr

L'Harmattan Algérie
22, rue Moulay-Mohamed
31000 Oran
info2@harmattan-algerie.com

L'Harmattan RDC
185, avenue Nyangwe
Commune de Lingwala – Kinshasa
matangilamusadila@yahoo.fr

L'Harmattan Maroc
5, rue Ferrane-Kouicha, Talaâ-Elkbira
Chrableyine, Fès-Médine
30000 Fès
harmattan.maroc@gmail.com

L'Harmattan Congo
67, boulevard Denis-Sassou-N'Guesso
BP 2874 Brazzaville
harmattan.congo@yahoo.fr

Nos librairies en France

Librairie internationale
16, rue des Écoles – 75005 Paris
librairie.internationale@harmattan.fr
01 40 46 79 11
www.librairieharmattan.com

Lib. sciences humaines & histoire
21, rue des Écoles – 75005 Paris
librairie.sh@harmattan.fr
01 46 34 13 71
www.librairieharmattansh.com

Librairie l'Espace Harmattan
21 bis, rue des Écoles – 75005 Paris
librairie.espace@harmattan.fr
01 43 29 49 42

Lib. Méditerranée & Moyen-Orient
7, rue des Carmes – 75005 Paris
librairie.mediterranee@harmattan.fr
01 43 29 71 15

Librairie Le Lucernaire
53, rue Notre-Dame-des-Champs – 75006 Paris
librairie@lucernaire.fr
01 42 22 67 13